時兆文化

榮光縈繞

*As Light Lingers*

沉浸在天父話語中
Basking in the Word of God

9到99歲，
全齡適用的9堂快樂讀經課

作者：尼娜‧艾奇森
譯者：吳滌申

*by Nina Atcheson*

U0077602

# 題記

給我最親愛、最美好的丈夫馬特——
藉著上帝的話語，
不斷去經歷我們彼此、
以及我們與耶穌之間越來越親密的關係，
乃是我生命中最大的喜樂之一。

耶穌又對眾人說：
「我是世界的光。
跟從我的，
就不在黑暗裡走，
必要得著生命的光。」

約翰福音 8：12

根據《韋氏大辭典》定義——
「To Bask」(沐浴)，意為「在舒服的暖和環境或氛圍中躺下或放鬆」；
而「To linger」(縈繞)，意為「因不願離開而逗留超過必要的時間。」

# 評介

我讀了尼娜・艾奇森的《榮光縈繞：沉浸在天父話語中》後十分喜歡。
它不僅提供我一個更容易理解《聖經》的工具，
也激勵我更努力閱讀《聖經》。
這是一本強大的工具書，我大力推薦每個人閱讀！
它亦為我帶來很大的福氣，讓我可以在屬靈成長課程中應用。

**安德烈大學基督教事工和《聖經》靈性學教授**
**S・約瑟夫・吉德（S. Joseph Kidder）**

一年前我從尼娜・艾奇森的這本新書得著新發現，
它教導人如何每天接受聖靈洗禮，
改變了我的生活和事工，也可能對你們產生同樣的效果。
你們怎能把每日接受聖靈洗禮和每日讀經分開呢？
尼娜的方法可能很新，但如果你們願意一試，一定會變得和以前不同！
這是作者的承諾。

**安德烈大學先鋒紀念堂資深牧師**
**德懷特・K・納爾遜（Dwight K. Nelson）**

每天與主同行非常重要。
但很多時候，我們無法以有效方式與主建立必要的聯繫。
尼娜・艾奇森研究了一些有意義的方法，
可以讓上帝的話語在日常中變得又真又活。
總會傳道協會極力推薦大家閱讀這本著作。

透過這項個人研經方法獲得上帝的祝福，將使你受益無窮。

**基督復臨安息日會全球總會會長**
**魏泰德（Ted N. C. Wilson）**

尼娜對《聖經》的愛具有高度感染力。
你讀她的書時，會想把《聖經》再讀一遍。
如果你仍在學習讀經的路上，
尼娜肯定會輕輕地拉你一把、幫助你。

**《馬太福音：大衛的子孫，拯救我們》作者**
**安迪·納許（Andy Nash）**

《榮光縈繞》非常感人而實用，一定能讓你的讀經時光再現生機！
尼娜在寫這本文情並茂的書時，顯然受到聖靈的感動。
閱讀過程中我不時地用螢光筆標註，
重新認識自己需要更深體驗上帝的話語。
期待有更多的人能分享這個資源！

**暢銷書《敢於要求更多：祈禱蒙應允的神聖關鍵》作者**
**梅洛迪·梅森（Melody Mason）**

若你渴望對上帝的話——《聖經》，
擁有充滿活力、振奮人心和富有意義的體驗，
你會在閱讀本書時發現智慧和實用的建議。
尼娜·艾奇森以非常有說服力的方式分享了上帝話語的力量，
鼓勵讀者面對那些使《聖經》遠離我們生活的干擾。
她提出的研經方法若加以應用，
將使學習《聖經》成為一種令人嚮往的個人經歷，
在聖靈的幫助下，以上帝的話為糧，將為讀者帶來不一樣的屬靈更新。
我真誠地向所有渴望《聖經》成為人生道路明燈之人推薦本書，
這是一本平易近人、適合男女老少閱讀的好書，
讀完此書，我受到很大的啟發，
也重新安排並重啟我個人的讀經方式。

**基督復臨安息日會總會副會長**
**傑佛瑞·姆布瓦納（Geoffrey Mbwana）**

我個人十分喜愛這本書。它不但簡單易讀，益處良多，
其內容更是不限任何年齡層、也不分信仰歷程之深淺，
對家庭亦然，就連孩子們也可以學習如何有意義地讀經。
**澳大利亞大雪梨區會會長**
**泰瑞·詹森（Terry Johnson）**

尼娜·艾奇森的書屢次點醒我，
屬靈的成長和力量，關鍵在藉著讀經共度與上帝同行的時光。
我們知道「認識上帝就是永生」，
但若沒有安排與上帝共度的時光，這就不可能發生。
這本書強調敬虔地學習《聖經》，
邀請、允許聖靈來改變你，按照上帝的旨意使用你。
書中充滿深刻的屬靈教訓，及如何運用《聖經》的具體建議。
我相信所有的牧師、領袖和普通信徒都會因閱讀本書受到祝福。
**《傳道》雜誌編輯**
**帕維爾·戈亞（Pavel Goia）**

這是一本很精彩的書，充滿了智慧和深刻的見解，
它會鼓勵你在生活中將學習《聖經》列為優先事項，
並提供了許多關於如何做到這一點的實用技巧和範例。
**安德烈大學神學和基督教哲學教授**
**約翰·佩克漢姆（John Peckham）**

這是一本精彩又樸實的書。
我喜歡它，因為它既實用又非純理論。
我相信這是一個很好的工具，
可用來教導青少年深入研究上帝的話語。
這本書對於世界各地的家庭和兒童事工部領袖和教師們深具價值。
**基督復臨安息日會全球總會兒童事工部幹事**
**麗美蓮（Linda Mei Lin Koh）**

艾奇森呼籲我們與她最好的朋友——耶穌建立個人的關係。
將寶貴的時間用來深入研究《聖經》，

是認識耶穌不可缺少的重要作法。

在我們忙碌、被各樣科技影響的生活中，

她讓我們每個人知道，如何透過一些步驟來剪除草率的心態，

表現個人對上帝出於愛心的委身以及與祂的交流。

我強烈推薦這本書給每個渴望與上帝建立親密關係的人。

**北美分會副會長**
**勞瑞‧布萊克默 (Larry Blackmer)**


讀經、與上帝共處，不光是讀一章《聖經》，做個簡短的禱告就完事。

要在聆聽上帝的聲音──《聖經》時在祂身旁與祂共處，

讓祂以愛環繞我們。

尼娜在這方面非常出色，不僅讚美上帝對她的帶領，

更令人驚喜的是，她還分享了孩子們的讀經範例。

這是一本值得一讀再讀的書，

在耶穌到來之前，可以將福音傳遞許多人。

**基督復臨安息日會總會教牧家庭和祈禱部助理幹事**
**珍妮特‧佩吉 (Janet Page)**


尼娜‧艾奇森敦促我們，

別讓靈修書籍剝奪了直接閱讀或聆聽上帝話語的心動時刻。

無論你是喜歡以書寫來反思，或是以口說來思考，

我們都能藉著默想，

從聖靈在這末世、透過《聖經》親自對我們說話中得到祝福。

艾奇森是對的──

始終如一的虔誠生活對於個人、夫妻和家庭來說都是不可或缺的。

**總會傳道協會助理幹事**
**傑佛瑞‧布朗 (Jeffrey Brown)**


讀了這本書讓我巴不得自己能在更年輕、正建立對上帝信仰之時，

就能夠接觸到它所分享的信息。

它為追求與上帝更親密的關係提供了屬天的實用原則。

讀這本書讓我更加堅信，我能與上帝建立一種親密關係，

這種關係不是源於規範，而是實實在在地透過《聖經》更認識上帝。

**2018年度澳洲大力士比賽冠軍得主**
**埃迪·威廉姆斯 (Eddie Williams)**

尼娜·艾奇森是一位母親和教育家，她筆下文字溫暖動人。

這更是一本關於學習《聖經》的勵志好書，

讓人不禁想要再次拿起《聖經》閱讀！

尤其能幫助許多忽視讀經的人喜愛本書的探討，

從讀經中找到喜樂的實用建議。

這些建議都是尼娜親身經歷並獲得成功果效的。

我特別鼓勵父母閱讀此書，這是一本深具可讀性、有意義的書。

**安德烈大學系統神學教授**
**喬·安·大衛森 (Jo Ann Davidson)**

# 目錄

# 序言

有人說，我們最大的需要，就是在我們當中興起真正的敬虔。這本書中的信息對於我們每個人來說，都是至關重要的。

當我一遍又一遍地閱讀尼娜‧艾奇森這本充滿屬靈力量的佳作時，我不禁「心中火熱」。聖靈在我心中留下了深刻的印象。祂藉著祂的道，引導我與主共享美好經驗，而且在末世將臨之際，我更是需要這種深刻而持續的經驗。因撒但會盡其所能來阻止我們獲得所需的時間和工具。

《聖經》是上帝永生的道，給予我們悔改、智慧、勝利、基督的樣式、復興、愛的關係、安慰、教導、引導和喜樂，因為這是我們每天想擁有充實生活時，真正需要的「糧」。我完全認同尼娜所說的，我們在日常生活中時常把空閒時間花在所謂「有益的活動」上(**其實有些活動並無實質益處**)，而不是為最後的戰鬥強化我們的思想和品格。這些日常活動使我們沒有時間去對上帝的話和我們與祂的關係有清楚的認識。

閱讀本書不僅會使你受到其中信息的挑戰，也會受到尼娜見證的

啟發，並且在闔上它之前，在心中留下許多實用方法和對你生活的
懇切建議。

　　我相信這本書對每一個想要親自認識耶穌的男女老少而言，都是
一本必讀之書，可以讓他們沉浸在上帝的話語中，增強他們改變生
命的真實體驗。無論你對自己的信仰是否確定，或是剛受洗成為基
督徒，還是已追隨耶穌基督將近一輩子的人，你都會因閱讀和應用
這本書中的原則而受益無窮。每一位牧師、長老、教師、父母和教會
領袖都會特別需要這本書，因為此書不但可以幫助他們自己，也能
協助他們的家人、教友，甚至在社區中需要接觸之人從事門徒培訓。

　　我也確信，這本極其實用的書可以幫助我們同時培養並堅固新進
教友和資深信徒，這是我們在世界各地的不同的文化背景中最大的
需求之一。請你打開並閱讀這本佳作吧，你肯定會從中得到祝福！

基督復臨安息日會全球總會傳道幹事
傑瑞・佩奇 (Jerry Page)

# 第 一 章
# 打開的禮物

關於《聖經》這本偉大的書，
我不得不說，這是上帝賜給人類最好的禮物。
救主賜予世界的所有美好事物，
都是透過這本書傳遞的。

亞伯拉罕·林肯Abraham Lincoln

我遞給五歲的兒子一件生日禮物，他高興地用小手接住了它並端詳了一會兒，看得出他很想知道在美麗的包裝紙下到底裝了什麼禮物？於是他將禮物稍微搖晃，希望能猜到一二。

在用這個方法找不到任何線索之後，他忍不住了，就動手撕開了包裝，原來裡面是一副家庭桌遊棋，我覺得這副桌遊會給我們全家帶來很多交誼和互動的時光。可是當他看到裡面的東西時，臉卻沉了下來。這並不是他期望或喜愛的，我還看得出他甚至不能理解這禮物的價值。我意識到這一點，心裡覺得有些難過。

然後他問了一個意想不到的問題：「爸爸媽媽，你們能幫我把它重新包起來嗎？我現在不想要這份禮物。我想先把它包起來，放在我

的床邊，下次再說。」他轉過身去，急切地想看看是否還有其它禮物可以拆。

這段經歷觸動了我的內心。我們對待上帝的禮物——《聖經》時，是否也是如此呢？

## 你在讀什麼？

有一次，一位知道我酷愛閱讀的朋友問我最近都在看什麼書？我回答說：「《聖經》。」

她露出了意味深長的表情，對我的回答報以沉默。

回想這段簡短的對話，讓我進一步思考了幾個問題：首先，為什麼我的回答讓我的朋友接不上話？這真是一個奇怪的回答嗎？我讀過很多書，但當時我的確正在認真閱讀我的《聖經》。其次，為什麼《聖經》不該是我最想讀的書呢？《聖經》是全世界擁有最多語言譯本、也是出版銷量最多、最廣的書，更是最古老的書之一。

曾有人為了獲得《聖經》而偷偷抄錄、私運、甚至出高價收購。許多人甚至為此付出生命的代價。既然《聖經》在整部人類歷史上彌足珍貴，那麼對今天的我來說無疑也是一樣寶貴。

我親愛的好友茫然地看了我一會兒，然後說：「我想《聖經》也許是本好書。我只是不知道該從哪裡開始讀。我知道上帝能透過《聖經》與人交流，但這從未真正發生在我身上。」

你是否有過這樣的想法？要是我們可以知道《聖經》該從何讀起，就有可能從中找到力量和希望嗎？也許你想閱讀《聖經》，卻不知道從哪裡起頭？或者你覺得自己應當讀《聖經》，所以決定每天讀一章（也許讀得很倉促、想趕緊在忙碌的一天開始前讀完），但由於生活繁忙，每一次這樣做都堅持不了幾天。儘管我自幼成長於宗教氛圍濃厚的基督徒家庭，但以上所述就是我自己的親身經歷。如果你也經歷過，我絕對能感同身受。

但有一件事我敢肯定：上帝的仇敵無時不刻想讓我們遠離《聖經》。他知道當我們讀經時，我的意思是很認真的讀，這一定會改變我們的生活，甚至改變我們週遭之人的生活。魔鬼盡其所能阻止我們開啟上帝默示之話語的扉頁。你可能也見識過他的一些手段，它們是不是同以下情況很類似呢？

- 我現在太忙了！我怎麼可能有時間讀《聖經》呢？

- 生活太過壓縮，我總覺得累，我只要打開《聖經》，就打瞌睡！

- 我實在沒辦法——我會分心、走神。每當我想讀《聖經》的時候，我就會開始想其他的事。

- 《聖經》早已過時了，跟現在的環境格格不入！對於我現今所經歷的事，沒有任何有益的教誨。

- 不管是《聖經》裡的故事或記載我幾乎都聽過了，我還能從相同的東西裡學到什麼呢？

- 我就是很不喜歡閱讀。

- 打從心底說，我覺得自己缺乏閱讀《聖經》的自信。我沒有按照上帝希望的方式生活，所以祂無法藉著《聖經》向我說話。

這些想法並不是只是你才有！這些都是魔鬼散佈的謊言，為阻止我們翻開能永遠改變我們、賜予我們生命力量的篇章。我們都會時常聽到上述的謊言。

但上帝正在等候，溫柔地敲打我們的心門（啟3:20），渴望與我們共度許多時光，只要我們願意給祂機會。我們飲了祂的泉水，就會不禁想得到更多祂所賜的。祂必充滿我們，我們便能獲得無比的福氣（太5:6）。

也許你現在和耶穌擁有活潑的關係，也明白每天尋找並獲得《聖經》寶藏的感受。若確實如此，我便確信你已經看到《聖經》是如何直接參予你的生活，給你指引與平安。毫無疑問，你已經握住了應許，看見上帝以令人難以置信的方式，在你身旁和內心動工。

或許你從未有過上述經歷。可能你也認為《聖經》是一本過時的書，覺得它不過就是一種宗教象徵，並不是能影響你今日生活的事物。也許你從前讀過它，今天也仍在閱讀，但它對你來說似乎不是「又真又活的」，你感到與上帝的關係停滯不前，甚至根本不存在。

事實上，此刻上帝的話確實是又真又活的，正等待你來開啟，好讓它能對你的心說話，鼓舞你、激發你，給予你未來的指引。這是你馬上就能加以運用的。

想要理解《聖經》，你不需要先成為一個學者。「像古時一樣，現代的特殊真理並不掌握在教會的權威人士手中，反而掌握在一班信靠上帝的聖言，不以自己為最具備智慧和學問的人手中」（懷愛倫，《基督比喻實訓》，原文79頁）。《聖經》不是一本單純的學術專書或寓言集，它優美而深刻地記錄了宇宙的創造主——上帝如何設法吸引我們來到祂身邊。這是一本令人驚歎的「生命之書」。你在反覆閱讀同一個故事或篇章時，仍能不斷地找到與你生活直接相關的嶄新真理，甚至是截然不同的真理。

## 沐浴在光中

我們如今生活在一個黑暗的世界，仇敵想要把我們困在黑暗裡，離上帝越遠越好。如果你半夜起床不開燈，可能會因看不清而絆倒，在黑暗中你是看不見周遭事物的。當夜幕降臨時，你眼睛以外的感官會增強，導致你很容易本能地感到緊張或害怕。你可能會失去理性，過度專注於你的恐懼，甚至放大不真實的東西，從而感到驚恐、寒冷或孤獨。

相反的，如果你站在早晨的陽光下，讓太陽溫暖你的心靈，你會更容易感到放鬆和快樂。你能清楚地看到你周圍的一切——無論美醜或悲喜。你也能看見別人，看清前方的道路。

耶穌告訴我們，祂是世上的光（約8：12）。祂能照進我們生命和世界的黑暗裂縫，使世事明亮如鏡，使我們從不冷不熱的狀態中「回暖」（啟3：16）。《聖經》說，上帝的臉確實會發光，祂臉上的榮光也能迴照在我們身上（見民6：24-26；太17：2；28：3；詩80：3，7）。摩西在與上帝對話、從山上下來以後，他的臉因為與上帝同在一處而發光數日（出34：29-

35)。

當我仔細思考自己是如何渴望恢復與上帝的關係時，便意識到我若做不到與祂共度寶貴時光，這份渴望就無法如願。所以我一直問自己下列兩個問題：

❶ 我如何才能沉浸在上帝的話語中，在祂的溫暖中卸下重負、真正放鬆，與祂共度快樂時光？

❷ 我有沒有與上帝好好相處？我和祂的相處是否因我不願離開而顯得太過，甚至超越所需要的？

我越思考這些問題，上帝就越把它們放在我的心上。我真誠地相信，我們當中有許多人都需要接受挑戰，不管你是否已經是成熟的基督徒，都應花更多時間透過上帝的話語與祂相處。

我開始思考如何採取一些務實有益的方式，使我們能夠深入瞭解這位賜我們《聖經》的上帝，以及我為何相信我們之中有很多人，根本從未打開過《聖經》。當我開始專心學習《聖經》時，很多事便連帶發生變化。我開始教我的孩子們如何讀經時，我們的家也隨之發生了改變，這些都是我想和你們分享的。

我一邊寫作，一邊祈禱聖靈能對你說話，使你知道上帝渴望坐下來藉著祂的話語與你交談。當你讀《聖經》時，它會用奇妙的方式改變你的生活。我相信《聖經》會回應你此時心中的每一個問題、挑戰、憂慮以及喜樂，我祈禱最終你與上帝的關係會比原先想像的更加深厚。

在我們進入下一章之前，我請讀者們暫停一下。花點時間做一個簡單的禱告。祈求聖靈在你閱讀時對你說話，給你一顆敞開的心，好讓上帝與你的生命對話。走筆至此，讓我預先為你祈禱。

# 第 二 章
# 敵人的陣線

許多極其重大的事件正在我們的周圍發生，
我們現今正處在撒但施行魔力蠱惑人心的範圍之內，
上帝的哨兵啊，不可貪睡！仇敵正在旁邊埋伏，等待機會，
何時你鬆懈昏迷，他就要一躍而出，把你擄去。

**懷愛倫，《善惡之爭》，原文601頁**

**我**家養的緬甸貓——庫克拉，是這世界上最溫馴的寵物。她是我的寫作夥伴。她時常坐在我的腿上，當我需要吃點東西時，她會跟著我來到廚房，對我喵喵叫，說自己也餓了。在她出生後的前六個月，我們一直把她關在家，因為美國密西根州的冬天實在太冷不適合她出門。春天來臨時，她滿懷渴望，透過窗戶看著我們到戶外去。

有一天，我們決定帶她出去玩。孩子們想用皮帶把她拴著，但我們沒有同意，只是讓貓在我們後面跟著。她迷上了外面的世界——腳掌踩在青草地上的新感覺，頭頂上的鳥鳴聲，微風和明媚陽光照在毛皮上的新感受。

　　經歷第一次對外面世界的體驗，她往後只要一有空就想出去！我們順從了她的意願，看著她享受著新獲得的自由。直到有一天，她在我們的後門送來了一隻花栗鼠。我們感到十分震驚和不安！那隻沒有生命的小鼠躺在草地上，我可愛、心碎的孩子只好過去，把那小鼠埋在了一棵樹下。然而這只是庫克拉展現她狩獵本性的頭一天。每天早上我們讓她出去之前，她會用喉嚨發出「喵嗚」的聲音。很諷刺的是，我們眼中的可愛小貓竟然隨時可以搖身一變，成為具有高度攻擊性的狩獵高手。每到傍晚，我們看著她蜷縮在壁爐旁，發出呼嚕呼嚕的聲音時，實在很難想像她竟能在白天捕殺無助的動物。

　　雖然人們常常把世界上所有的罪惡都歸咎於上帝，但也許我們該好好思考一下《聖經》對撒但的描述。經上說由於他自己的選擇，他成了一個兇狠的狩獵高手。《聖經》把他描寫成一隻狡猾且富有耐性的獅子，不僅會等待最佳時機撲向我們，還試圖吞吃我們（彼前5：8）。他善於觀察並等待，直到看出我們的弱點，然後制定詭計，精準攻擊，其目的不只是傷害，而是在最適當的時機進行毀滅。

## 撒但的頭號詭計

　　撒但攻擊你最重要的手段之一，就是阻止你透過上帝的話語和祂相處。我相信他今天在基督徒生活中使出的首要詭計，就是讓人們遠離《聖經》，不管用什麼手段——無論是讓他們冷漠、忙碌、疲勞、還是懷疑。

　　我們知道，「撒但總要千方百計地不讓人得到《聖經》的知識，因為《聖經》的明白啟示完全揭露了他的欺騙」（懷愛倫，《善惡之爭》，原文593頁）。因此人們似乎很難從《聖經》裡享受快樂——騰出時間並專心學

習，因撒但使用一切手段來阻止我們閱讀上帝的話。他知道唯有一種力量能使他無能為力。他知道禱告和《聖經》是人類可以用來對付他的最強武器。他自然會盡其所能來阻止你我閱讀《聖經》。

魔鬼知道，如果能讓我們長時間遠離《聖經》，他就必勝無疑。撒但知道上帝的話是大有能力的，祂不僅能用祂說的話創造世界(詩33：6)，還能叫死人復活(約11：41-44)，驅逐試探(太4：1-11)。撒但想方設法讓上帝的子民遠離《聖經》，不僅藉此破壞我們與上帝的關係，也腐蝕了我們彼此之間的關係。我們的婚姻關係變得緊張。我們會對孩子大吼大叫，對朋友或同事沒有足夠的耐心。生活似乎太過忙碌，讓我們倍感壓力，無從宣洩，背負重擔，找不到出口。

我們幾乎從未停下來思考這個問題，甚至有時還拒絕承認問題的存在。或許我們還覺得自己與上帝很親近，但我們時常是一連好幾天、甚至好幾個星期都沒有打開《聖經》，於是我們在屬靈上一天比一天衰弱。也許我們會時不時地做個小禱告，還會去教堂，但我們有沒有打開過《聖經》？將閱讀它當成生活首要之事呢？我們有時會覺得與上帝親近，但這種感覺不會持續很久。我們設法以社會標準為基礎，試圖做一個善良有道德的人，但我們的內心仍然感到空虛。

這些年來對我而言，分心於別的事務，以及無法擁有足量且有效的時間與上帝相處，都成了很大的難題。孩子們還小的時候，我常在晚上工作，幾乎不可能有時間與上帝親近。白天時我要忙著照顧孩子，負擔「母親」這份美好又令人筋疲力盡的工作，到了晚上又得在家裡工作，大半夜裡還時常在半夢半醒之間照顧孩子。我時常覺得自己好像處在一種永遠無法擺脫的忙碌旋渦裡。

但就在那段時間裡，我意識到自己其實最需要上帝的幫助。在培養孩子認識上帝的過程中，我比以往任何時候都更需要耐心和愛。儘管我經常一邊圍著孩子們團團轉，一邊向祂祈禱，我幾乎不可能擁有大量寶貴的時間來閱讀《聖經》，但我需要祂。我的心靈感到十分空虛，特別是為了要照顧並教育年幼的孩子，我似乎已有很多年沒辦法在教堂裡不受任何干擾地、認真聆聽一場講道。

我和丈夫馬特談論了這個問題。在絕望中，我祈求上帝能讓我有更多時間和祂在一起。

後來有一天，馬特替我出了個主意。我會在聽到孩子們醒來的聲音時奮力地從床上爬起來，為他們預備早餐、朗讀故事，給他們一些書和玩具，然後拿起我的《聖經》和一本筆記，坐在客廳角落裡屬於我的那張紅色古董椅上。我會張口出聲祈禱，祈求上帝讓孩子們知道我現在正和祂在一起，求祂祝福我們相處的每段時間，即便只有片刻。

之後我開始讀經，但週遭的環境其實並不安寧，因為孩子們就在不遠處，但這是我與上帝共處的專屬時間。最初的幾個早晨，每當孩子們打斷我或者來找我的時候，我需要不時地告訴他們，我現在正和耶穌相聚，他們必須讓我和祂相處，不可以打擾。現在回想起來，我發現雖然孩子們當時年紀還很小（2到4歲），但隨著時間慢慢過去，他們漸漸開始明白，每當我拿著《聖經》坐在那張紅椅上時，就是我和我最好的朋友——耶穌相聚的時刻。現在他們都已經長大，我相信讓他們看到我為耶穌特別空出時間，以此為他們樹立榜樣，是非常重要的事。

在你的生活中，你是否也有一張類似的「紅椅子」？它是你作為一個特定時間、地點的標誌，在那裡你可以透過讀經與上帝相會？我們很多人都面臨著時間永遠不夠用的挑戰。如果你是一位尚須照料年幼孩子的母親，我要極度鼓勵你去尋求上帝，求祂幫助你找到方法，讓你可以有時間與祂相處，並把這件事當成你生活中最重要的事。如果你是一個異常忙碌的商人或課表爆滿的學生，我仍要鼓勵你將時間的挑戰交給上帝。與祂相處的時光能令我們的心得到滿足，這是任何其它事物都做不到的。它也能改變我們為人父母、為人領導或被生活推著走的模式！

生活中還有其他非常現實的干擾。有段時間，我被網路購物分散了注意力。我會上網尋找便宜好物、漂亮衣服，以及我認為任何孩子們需要的東西，真的！雖然我是個還算稱職的媽媽，但我經常不自覺地被網購吸引，不時地總想看看網上有什麼特價品或新品──不拘時裝或居家用品，當然，還有人們在社交媒體上分享的購物心得。

過了一段時間，我內心深處意識到自己根本沒有好好讀《聖經》或祈禱。起初，我對此根本毫無自覺，後來又覺得這也不是什麼大問題。但是最終，我承認我對購物這件事確實有點上癮了！我為此祈禱，試圖把這件事交給上帝。我不願把自己的寶貴精力耗在購物這件事上，我覺得自己有點失控了！我試著順服，但第二天又發現自己回到原來的狀態──我會點擊電子郵件旁彈出的廣告，不知不覺地瀏覽購物網，雖然不見得當下就做出購買行動，但仍然會到處尋找下次能買的東西，而我寶貴的時間就這麼被浪費掉了！

我對自己感到十分氣惱。我怎能如此毫無節制地浪費時間呢？我以為我已經順服了上帝，然而這件事似乎控制了我，讓我遠離了《聖

經》和祈禱。我曾謙卑地祈求上帝幫助我，但很快又故態復萌。我無法理解自己。為什麼我不能更堅強、自制一點？為什麼我不能保持謙卑，特別是在我需要上帝幫助的時候？

然後我明白了；我依靠的是自己的力量，而不是上帝的力量。我關注的是自己的行動，而不是上帝的行動。單憑自己的力量，我永遠做不到自我克制。在這個過程中，我個人的努力是毫無價值的。我有克服的渴望，卻無法堅持到底。

我需要的唯有耶穌——與祂建立真正有意義的關係。我無法在一瞬間就與祂建立良好的關係。我需要做出選擇，花時間與祂共處。我需要選擇與祂在一起，需要讓自己沉浸在祂對我說的話語中，並予以回應。我需要把時間交托給祂，我對祂的渴望必須勝過對世上其他事物的需要。

我意識到上帝的話會是我解決個人問題的最大助力。每天早晨，我開始大聲說出上帝的應許——祂對我說的話，以及我的祈禱對祂的回應。於是如下面所列的奇妙應許，就浮現在我腦海裡：

> 「我們不至消滅，是出於耶和華諸般的慈愛，
> 是因祂的憐憫不至斷絕。每早晨這都是新的。
> 祢的誠實，極其廣大。」（哀3：22–23）

我開始以上帝的話祈禱，並以上帝的話做出宣告。你是否也做過同樣的事？這是具有大能大力的作法！作為禱告的一部分，你要對上帝說一節《聖經》作為禱告文，把你心裡所想的告訴上帝，謙卑地來到祂面前，說：「在祢的話裡，祢如此告訴我……，我以此作為我的

禱告！請祢讓它在我生命中實現！」

仔細思量你在《聖經》中讀到的話是很重要的，不要隨自己的心意、依個人的喜好斷章取義。然而上帝應許說，祂的話不會落空：

> 「我口所出的話，也必如此，
> 決不徒然返回，卻要成就我所喜悅的，
> 在我發他去成就的事上必然亨通。」（賽55：11）

這節經文是我最喜歡的《聖經》應許之一。它告訴我上帝的話非常強大，有能力改變困局和生活，使人興旺。無怪乎撒但會千方百計地想讓我遠離《聖經》！是的，仇敵正竭盡所能地引誘我們離開上帝的話，因為他知道這話將如何改變我們。

我們當然知道網路購物本身並不是一件壞事；這是現代生活中最大的便利措施之一。當我無法方便地在本地商店購買生活所需時，我就會上網購物。但我現在意識到，不能讓網路購物大量消耗我的時間，不能讓它佔據我和家人相處的光陰，因為它不但耗時，也很費心思，對健康非常不利。我希望上帝在我擔任母親、妻子、朋友和姐妹時，都能祝福我。

你可能像我一樣，會被一些本身並無絕對好壞的事分散注意力，但它可能會大量佔用你的思想和時間，讓你分心，無法全心全意去見上帝或打開《聖經》。

也許你把每一刻空閒時間都花在社交媒體上；你無法抗拒這種下意識、時刻拿起手機查看最新訊息的動作。這件事幾乎佔據了你所

有的空閒時間。

也許是你看電影或電視的習慣；你養成了每晚必看的習慣，你整天能想到的可能盡是這些事。

也許是打遊戲；你可能是某個戰隊中的一員，你很喜歡這種社交聯繫，但它佔據了你太多的思想和時間，幾乎沒有閒暇留給上帝。

也許是美食；你滿腦子想的全是下一頓該吃的美食，你對於飲食正在失去控制。一有壓力，你的自然反應就是找東西吃。

也許是運動；你把自己的身體當作一台機器，為了達到你為自己設定的目標，你每天都要花好幾個小時去健身。

也許你沉迷於體育賽事，以至於你的思想和計畫完全繞著接下來的賽事打轉。

也許讀書或工作佔據了你所有的空閒時間，你覺得不可能把所有的時間都交給上帝，因為你承受著太多的壓力。

雖然這些並非壞事**（事實上，其中一些本來是好事）**，我在這裡談的重點是它們造成的過度消耗和不節制，導致沒有多少時間留給上帝或別人。我認為每個人都會在某方面汲汲營營，但如此一來，留給耶穌的時間就所剩無幾，哪怕我們心知肚明，我們若先尋求祂的幫助，生活反而會容易許多**（太6：33）**。

請思考：「撒但深知凡能被他引誘而忽略祈禱與查經的人，終必倒在他的勢力之下。因此，他便發明種種足以牢籠人心的方法。」**（懷愛**

倫，《善惡之爭》，原文519頁)。

撒但知道他必須在我們還活著、而耶穌尚未回來之前，用盡一切手段達到他的目的。他的目的是阻止我們禱告和閱讀《聖經》。他竭盡所能來消耗我們的精力，使我們遠離上帝。我們可能是堅定的基督徒，但如果我們不藉著上帝的話和禱告住在祂裡面，我們的心靈就會逐漸枯竭。我知道這是什麼感覺，你或許也能感受得到。分散注意力是撒但用來讓上帝的子民冷漠和無力的最佳伎倆。

耶穌雖然指責我們不冷不熱的狀態，但祂也明白原因所在(啟3：14–22)。祂雖然是上帝，但也會感到疲倦(約4：6)。祂曾真實感受到生活的壓力，於是祂獨自向天父祈禱以擺脫生活的重負(路5：16；6：12；可1：35，太14：23)。耶穌知道花時間與祂的天父共處，是祂恢復力量所能做的最佳選擇。

我曾經對全心全意愛耶穌的孩了們演講，但似乎從未有人教過他們該如何學習《聖經》。他們顯然是從〈創世記〉開始一頁一頁讀，然而這樣很容易變得只是為了閱讀而閱讀，一路讀到〈利未記〉時就洩氣了！當你還是個孩子時，有沒有人告訴過你該如何學習《聖經》呢？要如何從閱讀中得到收穫——不僅了解書中內容，更進一步認識作者的意涵呢？

我曾與那些忙於學業、努力尋找自己定位、尋求有意義之人際關係的青少年討論過，發現上帝在他們的人生規劃裡並不是首要之事，就算有，誰知道如何才能跟上帝共處呢？

我也曾與那些在自己工作領域非常傑出的單身專業人士交談過，

發現他們被工作吞噬,似乎每天都沒有時間與上帝相聚。

我另外也曾和忙碌的父母們交談過,他們因為養育孩子疲憊不堪,對他們來說,讀經是他們最不想做的事情。一個晚上很難得能睡上五個小時,此外還要應付家務、工作,處理生活中重要的關係,所以似乎不可能每天都有額外的時間奉獻給上帝。

我還同一些領袖交談過,他們曾堅持不懈,但隨著時間流逝,他們變得越發懈怠,因為他們沒有時間閱讀上帝的話。

在我忙碌美好的生活中,我自己也感受到這一點,我日日為旁人和上帝操勞,卻不常花時間去享受祂的話語帶來的指引和力量。

事實上,我們在人生的某個時刻都曾有過相似的感受。我們都認同並有過這樣的想法:我們應該、必須花更多時間學習《聖經》,而不只是很倉促地這裡讀一節、那裡看一章。

另外還有件事:耶穌耐心地等待我們與祂相會,在祂的話中尋找祂。祂可以幫助我們解決那些使我們和祂產生隔閡的干擾。這裡指的不是我們要在凡事上都完全,而是要放下那使我們與上帝的關係產生隔閡的負重。

祂輕輕地叩我們的心門,希望我們能感覺到祂在門口等候(啟3:20)。就像慈愛的父母會看著他們的孩子入睡,深情地看著孩子的臉,以及呼吸時胸部的起伏,耶穌耐心地等待我們醒來看到祂的臉。當你注視著別人的臉,直視他們的眼睛,和他們說話的時候,你才能真正瞭解他們。

《聖經》告訴我們，上帝說：「你們當尋求我的面。」

袖希望我們回答說：「耶和華啊，祢的面我正要尋求。」

（詩27：8）

我們很少錯過任何一餐，卻經常不吃屬靈的糧。耶穌說：「你們要先求袖的國和袖的義」。「我們日用的飲食，今日賜給我們」(太 6：33、11)，須知我們最需要的就是這種食物。我們日用的飲食就是我們與上帝共處的時間，袖是我們生命的支柱！

## 耶穌理解

令人鼓舞的是，耶穌理解我們的處境，因為撒但也曾經試圖消滅袖。他觀察了耶穌三十年，挖掘袖潛在的弱點，處心積慮地制定計劃，在袖最無助時對袖展開攻勢。在耶穌受洗、達到屬靈高峰後，袖獨自一人、又餓又累。撒但曾聽見從天上來的聲音說：「這是我的愛子，我所喜悅的」(太3：17)。於是他就決意要使耶穌對自己神聖的使命產生動搖。「袖降世為人，這句話宣示了袖與上天的關係。撒但的目的就是要使基督懷疑這句話。」(懷愛倫，《歷代願望》，原文119頁)

所以，當聖靈把耶穌引到曠野的時候，耶穌就與面前嚴峻的考驗搏鬥，花時間禱告。「袖到曠野去是要單獨在一處，思考自己的使命和工作。袖要藉著禁食和祈禱振作自己，以便行走袖所必須走的血路。但是撒但知道救主已經到曠野去了。他認為這是向袖下手的最好時機。」(懷愛倫，《歷代願望》，原文114頁；參太 4：1-11；可 1：12 13；路4：1-13)

我沒想到撒但竟然會選在耶穌向上帝祈禱時來找袖，然而撒但隨

時會試圖攻擊並毀滅我們，特別是當我們孤獨一人之時。也許你在生活中經歷過這樣的掙扎，也許你正在與一個似乎要佔據你整個生活的誘惑鬥爭，要鼓起勇氣，明白耶穌也曾面對與你相同的試探，且看祂如何應付挑戰，祂為我們提供了最好的指南。

耶穌所戰勝的三個試探很值得關注，與你我如今面對的試探也很相似。

第一是肉體慾望的試探，如食慾、肉體的情欲，世俗的放縱。你何時經受過肉體滿足的試探？是食物、性、遊戲、還是物品？

第二是質疑上帝是否真的站在耶穌那一邊。你是否曾經質疑過上帝的真實性呢？你有沒有因你生活中發生的事而困惑，從而質疑上帝的介入？

最後的試探是對敬拜和忠誠的考驗。思考一下那些正在消耗你光陰和精力的事情。你有沒有意識到，這可能是撒但的伎倆，想要你沉迷於除了上帝之外的任何事情？

仇敵每天的耳語試圖干擾我們的思想：《聖經》真的與你無關，它已經過時了！《聖經》根本不能幫助你在生活中經歷的一切！你沒時間讀《聖經》！你的生活已經填得很滿、沒有空間了！上帝很遙遠，無論如何也不會關心你的事！算了吧，別浪費時間了！

這些魔鬼的謊言不時地潛入我們的腦海，但它們是大錯特錯的。懷愛倫說：「在與撒但的鬥爭中，耶穌用什麼方法得勝的呢？就是藉著上帝的話。只有藉著上帝的話，祂才能抵擋試探。……上帝《聖

經》中每一條應許都是屬於我們的。『靠上帝口裡所出的一切話』，我們才得以存活。當你被試探襲擊時，不要注意環境或自己的軟弱，只要注意上帝之話的能力。其中所有的力量都是你的。」**(懷愛倫，《歷代願望》，原文123頁)**

耶穌在面對這三個試探時，都用《聖經》的話來責備撒但。最後，那隻企圖吞吃祂的獅子——魔鬼離開了祂。如果你效法耶穌的榜樣，以《聖經》為武器，惡者也會離你而去。〈以弗所書〉6：10-17說：

> 「我還有末了的話，你們要靠著主，
> 倚賴祂的大能大力，作剛強的人。
> 要穿戴上帝所賜的全副軍裝，就能抵擋魔鬼的詭計。
> 因我們並不是與屬血氣的爭戰，
> 乃是與那些執政的、掌權的、管轄這幽暗世界的，
> 以及天空屬靈氣的惡魔爭戰。
> 所以要拿起上帝所賜的全副軍裝，
> 好在磨難的日子，抵擋仇敵，
> 並且成就了一切，還能站立得住。
> 所以要站穩了，
> 用真理當作帶子束腰，用公義當作護心鏡遮胸。
> 又用平安的福音，當作預備走路的鞋穿在腳上，
> 此外又拿著信德當作藤牌，
> 可以滅盡那惡者一切的火箭。
> 並戴上救恩的頭盔，拿著聖靈的寶劍，就是上帝的道。」

我們可以用上帝的話來戰勝仇敵，因為上帝的話比地上任何東西都更有能力，是世界上力量和希望的泉源！上帝比撒但強大得多——

祂才是我們應當關注的對象。不要考慮你的處境或者你有多軟弱，要仰望上帝，從祂的話中尋求祂的能力，當你與耶穌同行的時候，祂所有的能力都是你的。

# 第 三 章
# 聖經的力量

上帝說了一次、兩次，我都聽見：
就是能力都屬乎上帝。

**詩篇62：11**

前一陣子我參加了某個教會組織為期一天的會議。在會議開始之前，我出席了該機構的早靈修聚會。當中有一個人對著大約四十位排排坐著的職員，朗讀了一篇簡短的晨鐘課材料。我坐在一排座位的最末端，好奇地看著周圍之人的臉，我看見了各式各樣的表情。有些人望著窗外，似乎急於開始新的一天；其他人則看起來有點茫然，也許心不在焉。我焦急地等待觸動人心的話語，能在新的一天開始時充滿我的心，但是我還沒來得及反應，就聽到了一個急促而簡短的禱告，隨後大家都匆忙的走了出去，開始新的一天。

我發現自己渴望得到更多靈糧，因為也許其中信息正是上帝等著要賜予我的，不知道別人是不是也這樣想？雖然我讀過許多優秀的靈修作品，相信你也讀過，但沒有一本能比《聖經》更加深刻和鼓舞人心。我想知道，如果靈修空間的某個角落裡有一摞《聖經》，而工作人員每天早上都去拿一本，情況是否會有所改變？我想知道，如

果這些人每天早晨一起讀《聖經》，他們的生活和工作又會產生哪些變化？他們只要一起閱讀，也許就能認真思考，那段經文將如何為他們個人或往後的工作提供指導。

還有，如果他們在新的一天匆匆開始之前能彼此代禱——為自己的工作、家庭和挑戰禱告，那又會發生什麼樣的改變呢？與其完全依賴不同工作會議中各個成員集思廣益，若我們轉而求助《聖經》中充滿啟示的指導，那又會如何？如果我們停下來真正尋求並遵循這樣的教導，即使覺得它不見得與世俗的遊戲規則相符，那又會怎樣呢？整體又會有什麼變化呢？

如果你是一個領導，在帶領你的團隊時，你會如何從《聖經》中尋求指引？在你的會議、日常工作和未來計畫中，你會如何表明《聖經》所給予你當下的指導，是極富活力、生命、且有能力的呢？你怎樣才能在你的工作決策中，更有信心地倚靠上帝呢？

如果你已為人父母，面對孩子和你的另一半，你該如何從《聖經》尋求應付挑戰的方針呢？你如何藉著《聖經》裡的應許來改變家庭的氛圍呢？

如果我們毫不猶豫地把《聖經》帶入我們的生活，我相信我們會在生活、家庭和工作場所中看到巨大的變化，因為上帝的話在許多方面都是有大能的！

《聖經》本身就如此強調：「你當領受祂口中的教訓，將祂的言語存在心裡。」(伯 22：22) 你注意到這句話裡的「你當……」嗎？《聖經》作者非常清楚這些話的價值。世上沒有任何一本書能如此直擊你的

生命。

上帝的話語一字一句，都寫在你的《聖經》裡，但該如何才能把上帝的話存在心裡呢？我們可以從刻意背誦開始。大衛說：「我將祢的話藏在心裡，免得我得罪祢。」(詩 119：11) 那就是把上帝的話記在我們心裡，方便我們省思。

關於上帝的這些話，《聖經》還說了什麼？

## 上帝的話是活潑的，是有功效的

《聖經》是「活潑的，是有功效的，比一切兩刃的劍更快，甚至魂與靈，骨節與骨髓，都能刺入剖開，連心中的思念和主意，都能辨明。」(來 4：12) 如果你見過一把兩刃的劍，就會知道它有多麼鋒利、強大。如果把一本書比喻為兩刃的劍，那一定是令人肅然起敬的。

《聖經》稱自己是活潑的。你可能好奇，這本數千年前撰寫的書怎麼會是活潑的呢？耶穌說：「我對你們所說的話，就是靈，就是生命。」(約 6：63) 這節經文的意思是，如果你心碎了，或者你的生活分崩離析了，上帝可以對你的內心世界說話，改變你周圍的環境。《舊約》用非常生動、絕非刻板或消極的語言描述祂的話：

> 「我口所出的話，也必如此，
> 決不徒然返回，卻要成就我所喜悅的，
> 在我發他去成就的事上必然亨通。」(賽 55：11)

在你的《聖經》裡，每句話都是上帝親口說的，是上帝特別賜給你

的。如果你以虔誠開放的心態閱讀，就一定會有功效。

大衛思考上帝的話對他生活的影響，便語重心長的寫道：

「這話將我救活了。

我在患難中，因此得安慰。」(詩 119：50)

上帝的話也能給我們帶來生命。

## 上帝的話語，「滋味」甚美

你可能經歷過，也可能從未有過極度饑餓的經驗。也許你曾禁食或節食過。在你感到極度饑餓時，食物嘗起來會是前所未有的美味！從屬靈意義來說，《聖經》是我們心靈的糧食。也許你的心靈此刻是空虛和饑餓的。也許你渴望它能充滿一些能支持你的東西。上帝的話對人的心靈而言，滋味甚美：

「我得著祢的言語就當食物吃了。

祢的言語是我心中的歡喜快樂。」(耶 15：16)

「經上記著說，人活著，不是單靠食物，

乃是靠上帝口裡所出的一切話。」(太 4：4)

「就要愛慕那純淨的靈奶，

像纔生的嬰孩愛慕奶一樣，

叫你們因此漸長，以致得救。

你們若嘗過主恩的滋味，就必如此。」(彼前 2：2-3)

如果我們閱讀上帝的話並真正吸收它們，它們必按所應許的那樣充實我們，滋養我們。

## 上帝的話是純淨可靠的真理

我在一家服裝店排隊結帳時，注意到櫃檯附近有一些手提袋在出售。有些上面寫著：「『你』想要的就是真理」；另一些則寫著：「追求你的夢想——別理會旁人」；還有一些寫著：「你的道路才是唯一的王道」。這些微妙的訊息不約而同都聚焦於自我身上，它們強調了一種流行文化：把真理、成功以及人類的前途，描繪成相對的、善變的和個人化的。

廿世紀六〇年代，一些自由派神學家的傾向之一，就是把上帝從神學領域中剔除。2017年，《時代》雜誌某期的封面故事標題是「真理死了嗎？」這一趨勢道盡了我們社會的現狀。在社會上，真理的觀念正逐漸衰敗，已經沒有人知道什麼是真理。按照流行文化的說法，沒有可衡量的尺度，也沒有永遠穩定不變、可以依靠的基礎，可以經受得了時間的考驗。

與這種世界觀相反，《聖經》宣佈上帝是真理，耶穌和祂的話語都是祂的證明。以下是《聖經》中關於上帝的話語是真理的幾個例證：

「求祢用真理使他們成聖。祢的道就是真理。」(約 17:17)

「你們聽見我們所傳上帝的道，就領受了，
不以為是人的道，乃以為是上帝的道。
這道實在是上帝的，

**39**

並且運行在你們信主的人心中。」(帖前 2：13)

「上帝的言語，句句都是煉淨的，投靠祂的，

祂便作他們的盾牌。祂的言語，你不可加添。」(箴 30：5–6)

「耶和華的言語，是純淨的言語。

如同銀子在泥爐中煉過七次。」(詩 12：6)

「因為耶和華的言語正直。凡祂所作的，盡都誠實。」(詩

33：4)

《聖經》宣告真理不會改變(太28：18–20)。兩千年前的真理，到了今天仍然是真理。與此同時，當我們閱讀上帝的話時，我們對祂和真理的理解也會不斷增長。懷愛倫寫道：「真理是不斷進步的」(《給作家和編輯的勉言》，原文33頁)。因為「尚有許多的真理寶庫，有待切心尋求的人去發掘」(《教會證言》，卷五，原文704頁)。「在每一個世代中，真理都有新的發展。上帝有特別的信息傳給那個世代的人」(《基督比喻實訓》，原文127頁)。在談到「真理」時，懷愛倫總是說它是上帝藉著祂的話所賜予的。我們可以在《聖經》中尋找更多的亮光，因為《聖經》從不與過去的真理相互矛盾，而是建立在過去的真理之上。

透過查考《聖經》，你能發現關於上帝、自己和他人的哪些新真理嗎？

## 上帝的話在我們心裡動工，改變我們

幾年前，一個熟人找我談一些私事。她把我拉到一邊，非常直接

地對我說話。儘管我想打斷她的批評，為自己辯護，但我還是聽完了她的話，這樣做並不容易。她離開後，我獨自一個人心煩意亂，雖然如此，我還是思考了一會兒。她說的話有什麼真實性嗎？我開始為自己辯護，為自己的行為辯解。

幾個星期後，當我坐下來讀《聖經》、省察自己的心時，同樣的信息又出現了。我試圖避開，再次在心裡為自己辯護。然後我停了下來。我意識到上帝正設法改變我身上的某些問題。我如果想親近祂，就必須聽從這個責備。因此我來到上帝面前，求祂藉著祂的話向我顯示更深層、真實的自己，祂應允了我的祈求。

當我閱讀並開始學習《聖經》中的不同章節時，上帝會就我所面對的各種挑戰對我說話，祂在我讀的那些章節中直奔主題，我放棄了自私的驕傲和自以為義的欲望，我知道我需要做出改變，聖靈讓我認識到，我是多麼迫切地需要耶穌來帶領我。是的，上帝的話深深地刺入我的心靈，直達別人看不見的最深處。我讀過之後心生悔改，我的生活需要做出改變。那些幾千年前寫成的古老文字，直接與我的心靈對話，我知道這並非巧合。

《聖經》的文字活潑而有力！就好像上帝坐在我身邊，以一種異於旁人的方式對我說話。上帝當然不會收回祂的話！祂說的是事實，我們要聽從，而不是小心翼翼地迴避自己的問題。但祂也藉著祂的話慷慨地把祂的愛施予我們。祂以我們為樂（詩147：10–11），為我們歌唱（番3：17），祂永遠不會離開我們（申31：6），祂要與我們同席吃飯（啟3：20），祂要把祂出乎我們意外的平安賜給我們（腓4：7）。

這是何等偉大的力量啊！這是何等豐盛的愛！聖靈經常指引我去讀

《聖經》中我需要讀的段落。這種情況在我身上發生過很多次,也許在你身上也發生過。

我們必須小心,不要企圖用《聖經》為我們個人的目的或觀點服務,因為我們的目的或觀點不一定與上帝一致。例如,我們不應該用「閉上眼睛指《聖經》尋求指示」的方法,因為這不是上帝想藉著祂的話與我們交流的方式。當我們閱讀時,聖靈會指引和教導我們。林前 2:13 說:「我們講說這些事,不是用人智慧所指教的言語,乃是用聖靈所指教的言語,將屬靈的話解釋屬靈的事」。懷愛倫解釋:「上帝的旨意是在今生就向祂的子民顯明《聖經》的真理。要得到這種知識,只有一個辦法。我們惟有藉著那賜《聖經》之聖靈的啟示,才能明白上帝的道」(懷愛倫,《喜樂的泉源》,原文109頁)。

如果我們懷著謙卑的精神和開放的心態來讀《聖經》,聖靈就會臨到。祂會直接針對我們的需要說話。祂的話會改變我們的態度、思想和行為中需要改變的地方,引導我們,照亮我們面前的道路,告訴我們該如何生活。《聖經》對我們說,上帝的話中有能力(來4:12),還叫我們要「存溫柔的心領受那所栽種的道,就是能救你們靈魂的道。」(雅1:21)

最後,我們必須選擇該以何種心態看待上帝的話。我們可以像亞當和夏娃一般,先是表面聽從,然後設法為自己不按上帝的話行事為人自我辯解;但我們也可以祈求聖靈指引我們閱讀,選擇讓上帝的話改變我們的生活,這是世上其它話語無法做到的。如何看待《聖經》中的話語,全在乎我們自己的選擇。

要思考上帝為我們所做的事情改變了我們;上帝的話改變了一

切。它不只是寫在紙上的隻字片語，而是又真又活，能影響我們生活中所有一切事的話語。

## 上帝的話乃是雙倍的福氣

不久前我搭飛機到國外出差，找到座位坐下時，我突然有一種不安的感覺，覺得飛機到達不了目的地。我經常坐飛機出差，以前卻從未有過這樣的想法。我看著周圍乘客的臉，開始祈禱：「上帝啊，祢想讓我離開這架飛機嗎？這種不安的感覺是不是從祢哪裡來的呢？」我給我丈夫馬特發了簡訊，請他為我代禱。

然後我出乎意料地收到了一位朋友的簡訊，我已經有一段時間沒有她的消息了。她在訊息中只是說：「你不要害怕，因為我與你同在。不要驚惶，因為我是你的上帝。我必堅固你，我必幫助你，我必用我公義的右手扶持你」(賽41：10)。我心中充滿了驚訝和感激，因為我知道，這是上帝用祂奇妙的方式在告訴我，不要擔心這趟旅行，祂會與我同在並保護我。我的朋友那天早上讀到的經文對我來說是一種福氣，因為聖靈的感動促使她與我分享。

上帝的話有奇特的大能；當我們在學習祂的話時，祂和我們分享的，時常會在那一天就派上用場，能用來鼓勵別人。〈以賽亞書〉50：4告訴我們：

> 「主耶和華賜我受教者的舌頭，
> 使我知道怎樣用言語扶助疲乏的人，主每早晨提醒，
> 提醒我的耳朵，使我能聽，像受教者一樣。」

我們個人的《聖經》學習時間不僅能鼓舞我們，還能順帶鼓勵我們那天可能遇到的其他人。所以我們的《聖經》學習時間就成了雙倍的福氣！

我喜歡〈以賽亞書〉這節經文的原因是，上帝說祂知道我們的疲乏，但祂仍在每天早晨叫醒我們，希望教導我們，使我們能替祂說話。我漸漸愛上了每天早晨日出之前，上帝無形的推力讓我醒來，我深知祂想和我共處——讓我可以因此與別人分享祂的信息。

當上帝要我們與人分享祂鼓勵的話時，我們可以如此回應：

> 「主耶和華開通我的耳朵，
> 我並沒有違背，也沒有退後。」(賽 50：5)

## 上帝的話發自祂的內心

眼睛是靈魂之窗，言語也能吐露人的心聲。《聖經》說：「惟獨出口的，是從心裡發出來的。」(太 15：18) 我們心中若是堆滿了渣滓，它們也會在我們的言語中呈現出來。

和我一樣，你無疑也經歷過挫敗、疲憊或壓力，以及在心態遭遇劇變之後忍不住脫口而出的話——那些話時常令我們感到後悔。你甚至可能有過完全截然不同的經歷，就是當你的內心充滿了對某人的愛時，你也會忍不住說出來！

上帝的話向我們坦露了祂的心意。這些話是非常有力量的，我們在《聖經》中就能看見這一點。如果你思考上帝在歷史上是如何運用

祂的話語，你就會發現其所擁有的力量是令人難以置信的。且看以下驚人的範例：

- 上帝憑祂的話語創造了世界（來11：3；詩33：6）。

- 耶穌的話和祂的觸摸使盲人得以看見（約9），使聾子得以聽見（太11：5）。

- 藉著耶穌的話，那些認識並愛祂的人，將在祂第二次降臨時復活（帖前4：16）。

- 我們可以用上帝的話與仇敵作戰（弗6：17）。

- 上帝的道能拯救我們的靈魂：「所以，你們要脫去一切的汙穢和盈餘的邪惡，存溫柔的心領受那所栽種的道，就是能救你們靈魂的道。」（雅1：21）

上帝對我們說：「你們要將我這話存在心內，留在意中，繫在手上為記號，戴在額上為經文。」（申 11：18）這些強而有力的話，如果我們加以思考並付諸行動，就可以從根本改變我們的生活。上帝把發自祂肺腑的話賜給我們，是要「使你知道，人活著不是單靠食物，乃是靠耶和華口裡所出的一切話。」（申 8：3）這些非凡的話語乃是我們生命真正所需！

## 上帝的話會把你帶到耶穌基督面前

耶穌在世上時，向我們展示了成為肉身的上帝（約14：9）。由於我們

沒見過耶穌在世時的樣子，上帝的話——《聖經》，就是我們所能獲得、關於耶穌最清晰的模樣。

《聖經》不是一個深奧難解之謎，也不是一本毫無意義、早已過時的書籍。反之，《聖經》更像是上帝所撰寫、寄予你和我的一封情書或長信。《聖經》會在許多不同的事上提供你智慧和知識，特別是如果你以開放的心態閱讀《聖經》，聖靈就會使你與耶穌基督建立親密關係。

無論我閱讀哪些《聖經》篇章或故事，我總能在尋找耶穌時看見祂，因為是祂極力吸引我來到祂身邊：「我以永遠的愛愛你，因此我以慈愛吸引你。」(耶 31：3)

《聖經》闡明上帝深愛我們，盡祂一切所能吸引我們歸向祂。你只需親自打開《聖經》，就會發現這位衷心希望你能親自認識祂的、不可思議的上帝。

## 最後，上帝的話必永遠立定

我們的品格和關係可以持續到永久。同樣，上帝的話也不會改變或消失，祂的話會永存。《聖經》論到自己時說：

> 「草必枯乾，花必凋殘，
> 惟有我們上帝的話，必永遠立定。」(賽 40：8)

> 「耶和華啊，祢的話安定在天，
> 直到永遠。祢的誠實存到萬代。」(詩119：89–90)

仔細思考世上那些極少數能永存的事物。《聖經》無疑正是我們應該思量的！

「沒有什麼比研究《聖經》更能增進人的智力，也沒有什麼別的書籍能像《聖經》廣闊崇高的真理那樣，有效地提高人的思想，振奮人的機能。如果人按照上帝的要求研究《聖經》，就會擁有現代所罕見的廣闊思想，高尚品格和堅定意志。」**(懷愛倫，《喜樂的泉源》，原文90頁)**

在繼續閱讀下一章之前，請你思考：上帝的話如今在你的生活中具有什麼樣的地位？

# 第 四 章

# 親近上帝的聖言

要教導研究《聖經》的人以求知若渴的態度學習《聖經》。
我們查考《聖經》，不是為了尋找支持自己觀點的證據，
而是為了明白上帝說了什麼。

**懷愛倫，《教育論》，原文189頁**

我坐在讀經小組裡饒有興趣地聽講。我們剛剛讀了〈利未記〉25–27章，關於土地在七年後必須歸還原主的禧年規定。在討論這些章節時，我聽到兩位朋友提出了兩種截然不同的觀點。麥克斯堅信我們的一切都屬於上帝，祂既賜予我們「土地」，我們就應按照與祂所立的約，把一切都歸還給祂。相反，莎拉則說她認為這個故事只是關於當時土地實際使用情形的歷史記錄。

為什麼兩個人讀的是同一段《聖經》，會產生截然不同的理解呢？我今天因為讀了一段《聖經》經文而頗有心得，這個心得會與兩年前影響我的想法有極大差異嗎？

你可能聽說過有些人從未認識上帝，但讀過《聖經》後就永遠改變的見證。你可能也聽說過有些人雖然讀了很多遍《聖經》，但他們仍

然不相信上帝的存在。

## 我的心態「屬靈」嗎？

在耶穌時代，法利賽人屬於社會的精英階級。他們接受的培訓十分嚴謹，到了十歲，他們已經熟記了整部律法書（即《聖經》的頭五卷書），到了十四歲，很多人已經熟記了大部分的希伯來語《聖經》（即《舊約》）。這真是令人嘆為觀止！然而，儘管他們可以對《聖經》的大部分內容加以引述背誦，可當他們與上帝的兒子耶穌面對面時，卻認不出祂來，偏見和個人欲望蒙蔽了他們。《聖經》對此提出的看法很值得深思：「然而屬血氣的人不領會上帝聖靈的事，反倒以為愚拙，並且不能知道，因為這些事惟有屬靈的人纔能看透。」(林前 2：14)

究竟「惟有屬靈的人才能看透」這句話是什麼意思呢？我們讀《聖經》時，怎樣才算是擁有屬靈的辨別力呢？《韋氏大詞典》把「辨別力」定義為「表現出洞察力和理解力」。因此，我們讀《聖經》時，需要具備屬靈的洞察力和理解力。如果我認為《聖經》是荒謬的，那麼我就不會在經文中尋找真理。因此，讀經時所採取的態度和方法都至關重要。

若與屬靈思想封閉的人相比，開放的人會有非常不同的收穫。保羅這樣說：「你們聽見我們所傳上帝的道，就領受了，不以為是人的道，乃以為是上帝的道。這道實在是上帝的，並且運行在你們信主的人心中。」(帖前 2：13) 我們若是相信，上帝的話就會在我們心中運行。這難道不是一個奇妙的概念嗎？當我打開《聖經》，並相信上帝藉著書上的文字在對我說話時，祂便是真的對我說話，在我的生命中運行，但這在很大程度上取決於我的信念和期望。

因此，我們似乎掌握著大部分的主動權。我們可能相信《聖經》是上帝的話，並以此角度看待它；我們也可能把它看作是一本記載著有趣故事的歷史書。我們對待《聖經》的態度和方法，會使我們從中得到不同的收穫。

好消息是如果我們產生了疑慮，上帝不但能夠、也願意幫助我們。我們可以學那位遇到困難來求見耶穌的父親說：「我信。但我信不足，求主幫助」（可9:24）。的確，沒有上帝的幫助，我們首先根本不會渴望上帝所提供的一切。這不僅取決於我們（這太難了!），是上帝每天在尋找我們，幫助我們回應說：「好的!」祂一直在我們心中動工（腓2:12-13）。我們如何親近上帝的話——我們心裡素來持有的精神、對《聖經》有無潛在的信心，這些都會影響我們閱讀的收穫。「你研究《聖經》的態度，會決定由誰來到你身旁提供幫助。光明世界的天使，必與那些以謙卑的心尋求上帝指引的人同在。但是如果你以不恭敬的態度翻閱《聖經》，心懷自滿，充滿成見，那麼撒但就在你身旁。他會曲解上帝聖言中明白的句子。」（懷愛倫，《傳道良助》，1892年版，原文127頁）

相比之下，「當我們想藉著《聖經》認識天父時，天使就必接近我們，我們的心志必能堅強起來。我們的品格也會得到提高和陶冶。我們就能越像我們的救主」（懷愛倫，《歷代願望》，原文71頁）。如果我們謙卑地打開《聖經》並禱告，上帝就會對我們說話。

有時《聖經》教導的知識會觸及我們生活中本有的一些問題，讓我們感到很不自在（如我在前一章所提，我們或許正因某種罪而掙扎）。所以當我閱讀《聖經》永恆的詞句時，要把心自問我的心是否已對上帝敞開，讓祂對我的生命說話？也許是因為我沒有花時間與祂共處，或是我

的自私，再者也許是因為我對於靠近祂無動於衷——無論如何，《聖經》都要我做出解釋。

　　我相信《聖經》的宗旨之一，就是對我的人生指出真理——告訴我與上帝的關係本應為何，以及該怎麼做才能改善這種關係。如果我敞開心門讓聖靈在我的生命中動工，謙卑地靠近《聖經》，就一定會獲得改變。但我若堅持冷漠和犯罪，閱讀《聖經》就會變得只是為了證明其錯誤，因為如此一來我就不需要做出改變了。

　　因此，當我們讀《聖經》時，應不斷地省思：我是抱持著什麼心思和心態來讀經的？我是否以整部《聖經》為出發點，去閱讀我面前的信息？我讀經是抱持著自己的觀念，旨在為個人觀點辯護，還是敞開心懷，帶著孩子般的信心，去吸收上帝今天要對我說的話呢？

> 「我們應當盡一切的智力去研究《聖經》，並在人的悟性所能及的範圍之內，竭力明白上帝深奧的事。同時也不要忘記，我們必須有孩童般的溫良和順服的心，這就是學者的真精神。……我們不應當以自恃的心去研究《聖經》，如同很多人研究科學的態度一樣，卻當存祈禱和依靠上帝的心，並要誠心願意明白祂的旨意。我們應當存一種虛心領教的精神，向那偉大的『自有永有』者求得知識。否則，惡使者就要蒙蔽我們的思想，並使我們的心地剛硬，以至不能領受真理的感應。」**(懷愛倫,《善惡之爭》,原文599頁)**

　　上帝期待同我們說話，希望改變、塑造我們，讓我們能住在祂裡面。聖靈期待讓我們更接近耶穌基督。我們是否想往前更進一步？

我們準備好順服了嗎？如果是，那麼我們就會擁有「得救的智慧」，得見我們從未想像過的事物！上帝會直接針對我們掛念之事、碰到的問題以及我們的需要和喜樂說話。我們將親身體驗到《聖經》「是活潑的、是有功效的」(來4：12)。

與此同樣重要的，是把《聖經》看做一個整體，而不是專挑我們喜歡的部分來讀。我們很容易選擇只讀熟悉易懂的段落，而忽略較為難懂的部分。如果我們真的想讓上帝直接對我們的生命說話，我們就必須把《聖經》當做一個整體，相信上帝會在我們需要時給予我們必要的啟示。

馬丁·路德如此說：「許多年以來，我每年都從頭到尾讀《聖經》兩次。如果《聖經》是一棵又大又壯的樹，而它上面的字都是小小的枝子，我就會去搖動所有的枝子，急於要知道裡面有什麼、又能提供我什麼。」(馬丁·路德，《路德文選》，第1卷，原文83頁)

## 《聖經》乃是權威

人類的理性所扮演的功能乃是一個很大的議題，我不會在此多做探討，但必須提出一事——上帝絕不會無視或罔顧人的理性。

祂按照自己的形象創造了人類，並邀請我們與祂對話；我們可以在許多《聖經》敘述中都可看到此景，比如上帝與以諾、亞伯拉罕、摩西和約伯等人進行父談。在福音書中，我們看到耶穌與人有許多對話。較為客觀合理的說法是，上帝並沒有對人類的理性置之不理，而是要我們學習如何在祂廣泛而無限的理性思維中工作，祂甚至邀請我們，在設法思考得救之道和其它重要問題時，與祂彼此「辯論」

（賽1：18）。

在我們與《聖經》作者——上帝的關係中，我們不能忽視自己的思維，但是上帝要求我們透過《聖經》去瞭解祂廣博的知識和思想。

我不禁回想起當年，在我還是中學生、正在為期末的數學考試預備之時。我在開始學習之前，當真覺得這是全世界最難學的知識，因為我既沒有數學方面的天賦，這一科目也不是我興趣所在！但是藉由不斷的堅持和學習，我終於弄清楚如何解題，並為考試做足了準備。同樣地，《聖經》中的某些章節似乎令人費解、無所適從，但我發現，若是透過祈禱、堅持不懈地學習、祈求聖靈的幫助，再加上多次將《聖經》的某一部分與另一部分進行比較，並與別人深入討論，《聖經》的概念就會變得越加清晰。

耶穌勸勉我們「要盡心，盡性，盡意，愛主你的上帝。」（太22：37）我相信上帝並不會希望我們在愛祂的同時，卻忽視了祂賜予我們的悟性。相反，祂要我們去研究、學習和發現《聖經》中神聖思想的範疇。

然而人類的理性可能會有意無意地把上帝排除在外。我們如果這樣做，就會陷入試圖憑自己解決問題，在思考時視自己與上帝同等，甚至高於上帝的局面。人們常常帶著高度自信去讀《聖經》，以為自己從前既然已經聽過，就順理成章地認為已明白所需要知道的一切。我們在志得意滿、覺得凡事皆有把握、有信心時，常常就會忽視我們與上帝的關係，轉而依賴自己的知識和思維能力。

但上帝是神，我們不是。人類對於所擁有的能力和思想（**起初都由上帝所賜**）極易導致自滿的傾向，不應妨礙我們倚賴宇宙的創造主——祂

從起初就存在，《聖經》的寫作也由祂所默示。「上帝既審判那在高位的，誰能將知識教訓祂呢？」(伯21：22)

不要認為你必須聰明絕頂才能真正明白《聖經》。上帝把祂的話賜給每個人，好讓我們更認識祂！這其中包括的不只是神學家，也包括你我。誠然，那些藉由對《聖經》的原著語言和神學進行深入研究之人所提供的豐富見解，其價值自不容低估。然而，如果我們以開放、虔誠的心閱讀《聖經》，上帝就會藉著祂的話清楚地對我們表述。

《聖經》是這個地球上真理的泉源，在時間的長河中從未改變。耶穌說祂「昨日、今日、一直到永遠，是一樣的。」(來13：8)《聖經》也是如此。上帝創造並指引祂的子民，祂深愛我們，甚至差遣耶穌來拯救我們脫離自我的牢籠，而祂今天要藉著永恆的話同你交談。祂的信息是始終不變的：「凡勞苦擔重擔的人可以到我這裏來，我就使你們得安息。」「……我向你們所懷的意念是賜平安的意念，不是降災禍的意念，要叫你們末後有指望。」(見太11：28；耶29：11)既然有這樣的恩賜，為什麼我們還要孤軍奮戰呢？具有墮落傾向的人類容易自恃，他們會說：「感謝上帝，我能靠自己，我的生活不需要祢的指引。」

在過去的年代裡，有些人需要很大的勇氣，才能堅持認定《聖經》是上帝的真理，許多人寧願死也不願放棄對上帝和《聖經》的信仰。即使在今天，仍有人為這個信念而犧牲。也許你和我都需要極大的勇氣來遵行上帝的話。想想下面這段鏗鏘之言：

> 「將《聖經》當作一部良好的道德教訓，只要它符合時代的精神和我們在世界上的地位，就聽從遵行，這是一回事。看到它的真實身份，就是永生上帝的道，是我們的

生命，必須塑造我們的行為、言語和思想，這又是另一回事。凡不這樣看待上帝之道的，就是否定它。自稱相信這道而又否定它，乃是造成青年人懷疑不信的主要原因之一。」**(懷愛倫，《教育論》，原文260頁)**

創造主上帝創造了萬物，並說一切甚好。然而，儘管天地萬物，以及人類建造、製作的許多作品都十分美麗，有一樣東西卻是上帝特別關注的，你知道是什麼嗎？祂在〈以賽亞書〉66：2中告訴我們：

「但我所看顧的，
就是虛心（原文是貧窮）痛悔、因我話而戰兢的人。」

我們是否以謙卑的心來讀《聖經》？深知自己的理解不足，願意敞開心，讓上帝為我們顯明真理？我們是否尊重祂的話？若是如此，你就比地球上任何事物都更能得到上帝的關注。

# 第 五 章
# 縈繞的光：上帝與你

我得著祢的言語就當食物吃了；
祢的言語是我心中的歡喜快樂。

**耶利米書15：16**

## 我的第一本《聖經》

我六歲那年的聖誕節，來自爸爸那一方所有的親戚都聚在一起，全家共十三個人一起住進了一棟小別墅，它位於澳洲新南威爾士州的一個美麗海灘。我們喜歡每隔一年都來個大團圓，全家相聚慶祝聖誕節，那一年我永遠都不會忘記。

我親愛的、來自俄羅斯的奶奶當時身體並不太舒服，可我們並不知道。腦瘤最終奪去了她的生命，這也是我們最後一次一起過聖誕節。直到現在，我一想起她那雙最溫柔親切的眼睛，那彷彿可以直視你內心的眼神，還有她完全無私、高尚的品格，以及她對耶穌深深的愛，便熱淚盈眶。

某次聖誕節時，奶奶送給了我們四個較年長的堂兄弟姐妹，每人

一本《聖經繪本》。第一次打開它時，我看到了醒目的紅色封面，並讀到封面以金箔寫成的《聖經繪本》四個大字。打開書頁後，我看見內頁那些令人驚訝的彩色圖片，心裡充滿了讚嘆！

我清楚地記得奶奶對我們四個人說：「這是一本很特別的書，它會是你擁有的、最特別的書，它是一本《聖經》。你們必須尊重它，因為它是上帝的書。千萬不要在上面放任何東西。最重要的是，記住上帝非常愛你，祂希望你閱讀祂的話。」

我記得我六歲時手裡捧著那本《聖經》，帶著敬畏的心情看著它。上帝真是如此愛我，以至於祂還親自寫信給我嗎？這實在太神奇了，簡直不可思議！

我還記得那天下午我和一個堂姐妹一起做的事。我們從屋裡拿出一張小桌子，把它放在後院草坪的一棵樹下。我們找了一塊漂亮的桌巾鋪在桌上，然後恭恭敬敬地把新的《聖經》放在上面。我們在院子裡玩的時候，其他人坐在樹蔭下。我不時地去查看我的《聖經》是不是還在原處？心中懷抱著一種出自童心的驚奇：上帝把祂的話送給了我，而奶奶如此愛我，她在聖誕節把最好的禮物給了我。

在接下來的幾年裡，我很喜歡讀那冊《聖經繪本》。我會花好幾個小時思考這些圖片。當我讀上面的文字時，我幾乎能聽到上帝對我說話的聲音，我的書櫃裡至今仍保存著這本《聖經繪本》。

幾年後，我的父母送給了我第一本「大人版」的《聖經》，我高興地看著媽媽一邊為她送我的新《聖經》簽名，一邊告訴我她是如何、又為什麼要給自己的《聖經》作標記。但我也永遠不會忘記，在孩提時

代那第一本紅色《聖經》，給我留下的深刻印象和敬畏感，以及我如何知道上帝藉著那本《聖經》，以難以描述的方式對我說話。

如果你也為人父母，可以考慮該如何送給孩子第一本《聖經》，使之成為一個值得紀念的特別回憶。也許你可以在封面裡寫一封私人信件，把《聖經》漂亮地包裝起來，當作一個驚喜放在他們的床頭。或者你可以策劃一個特別的晚間家庭靈修（**也許是星期五晚上**），給孩子看你的《聖經》，談談《聖經》如何在你的生活中鼓勵、幫助你，然後把《聖經》送給孩子。無論你怎樣為孩子選擇《聖經》，如果你預先策劃一個特別活動，來強調這本奇妙聖書的重要之處，他們將永誌不忘，就像我一樣。

## 口渴卻不飲水

我們已經認識到，魔鬼會盡其所能使我們遠離上帝的話，削弱我們的力量。我們也看到了以謙卑開放的心讀《聖經》的重要性。最近我還發現一件最令人驚訝的事，就是有許多基督徒非常希望自己能多讀《聖經》。事實上，根據巴納的一項調查，62%的美國人都有這樣的心情（**《聖經》的狀態：2014年的六大趨勢》，巴納團隊，2014年4月8日**）。很多時候，我很難讓自己的《聖經》學習持之以恆，也認為一定可以有更簡單的方法。我一直在思考下列問題：

· 我該從哪裡開始讀？

· 閱讀《聖經》和學習《聖經》有什麼不同？

· 讀經當然不可能有這麼難，那為何我總有這種感受呢？

也許你曾經嘗試在一年內讀完《聖經》。也許你在放棄了幾個星期後，又花了一天匆匆讀一兩章，因為它就像你日程表上需要完成的一個任務。或許你也掙扎過，因為裡面的詞句有時讓你感到空泛，有些似乎能觸及你的生活，但有些則不然，你想知道原因。

有時我會看看時鐘，心想想著：**不錯，在我沖澡、吃早餐，開始工作之前還有十五分鐘。我需要很有效率地做這些事。然後我就有十五分鐘的時間讀經和祈禱——我會做到的！**於是我真的很快完成上述所有事，在十五分鐘將結束的時候，雖然感到不滿足，但還是繼續匆忙開始了我的一天並稍稍自喜，因我已經對得起自己的良心，我花了15分鐘時間讀經。

後來我讀到了接下來這段話，就放慢了步調，停下來仔細思考：「浮光掠影地閱讀《聖經》是沒有益處的。一個人可以通讀全部《聖經》而看不出它的美妙，也領會不出它深奧的意義。」**(懷愛倫，《喜樂的泉源》，原文90頁)**

## 匆促讀經並無益處

我知道這話是真的。匆促的閱讀沒有給我帶來什麼好處。**我讀《聖經》的原因不是為了更瞭解《聖經》這部作品，而是為了更認識上帝，同時也更認識自己。既然《聖經》是上帝與我溝通的主要途徑，如果我沒有留下充分的時間給祂，又怎能指望能與祂溝通呢？**

是的，在當前一切都高速運轉的社會中，我們都是忙碌的人，我相信這就是為何許多人渴望從上帝的話中得到更多，卻沒有付諸實施的一個關鍵原因。有時，閱讀並不能給我們帶來快樂，反而像是一

種負擔，需要我們去面對——比如說規定自己每天讀一章。如果我們在已排定應該閱讀的時段沒有堅持，愧疚感便會妨礙我們與上帝共度時光。

但斯普勞爾 (R. C. Sproul) 會質疑我的看法，他認為：「造成我們疏忽的真正問題所在，是我們沒有盡到學習《聖經》的責任，主要原因不在於它多麼難懂，也不是因它枯燥乏味，而是因為我們把它當作一項任務。我們的問題不是缺乏智慧或熱忱，我們的問題在於懶惰。」（斯普勞爾，《認識聖經》第二版，第20頁）

是啊！我也許很懶，讀經確實需要努力和專注。如果我只在想讀的時候讀，我可能就會變得久久才讀它一次！因為總有其它的事情讓我分心，來佔據我讀經的時間。

想像一個人在荒野中行走。他已經不停地走了很長時間。他的旅途艱難，而且非常口渴。他終於找到了一條小溪，不禁欣喜若狂！他衝到水邊並跪下開始喝水。此時的他會不會一邊喝水，一邊不停地問自己：「我究竟要喝多少水才能解渴？」絕對不會！反之，他想問的是：「我可以盡情地喝多少水？」（傑瑞米‧阿德爾曼，《你讀經讀得夠多嗎？——渴望上帝》，2016年10月27日）

同樣，我想上帝若看到我們不停地問：「一個人究竟要讀多少《聖經》」時，一定會感到很傷心！在〈耶利米書〉17：8中，我們讀到一棵栽在水裡的樹。這棵樹的根在小溪裡，所以當酷熱或乾旱來的時候，它不需要擔心。這棵樹代表我們。如果我們選擇根植於上帝話語的沁涼溪水旁，在我們真正開始喝水時，就會意識到我們是多麼的渴，喝水不再是一件苦差事，而是世上最快樂的事情。

**61**

## 抽出時間

抽出時間讀《聖經》可能是你最大的挑戰之一。我曾聽人說每天早晨與上帝共度時光是一件多麼美好的事，所以我也試著這樣做。但這些年來，我一直很難做到早上一睜開眼就讀經。因為工作性質，我一直是個夜貓子。我聽說有些人特地早起，就為了能學習《聖經》，但這對我來說是項不可能的任務。換做是我，上述情況會變成——我想讀經，所以我必須先設好鬧鐘，比平時早十五分鐘把自己從床上拽起來，然後花大半時間從朦朧狀態逐漸恢復，直到完全清醒，才能開始讀《聖經》的某一章，然後繼續做其他的事。

可能你也曾經試著這樣做，如果是，我非常理解你的感受。我想上帝也理解，我鼓勵你和祂談談。幾年前在我決定真正將我的時間交給上帝時，發生了一件事，我請求祂在早上叫醒我。這不是一個轉瞬即逝的請求，而是一種發自內心的呼喊：「上帝，請幫助我渴望祢。我知道如果想愛祢，就需要花時間和祢在一起，我知道祢可以透過《聖經》和我說話。但我需要祢的幫助。請叫醒我，給我足夠的時間和祢在一起。祢知道我的生活雖然很充實，但是我不能沒有祢。主啊，祢能幫助我不致於感到如此疲倦嗎？

這樣禱告之後，我竟開始越來越常在沒有鬧鐘的情況下，不到早上5點前就起床了！我會在熟睡中突然醒來。我知道上帝已經應允了我的祈禱。顯而易見，祂也很希望和我共處！當這種情況不斷重覆發生後，我發現自己開始能做到規律地、在樓下辦公室一個舒適的角落裡與上帝會面。日復一日，幾個月過去了，我本以為自己會因此感到疲累，沒想到卻一點也不！我不會先拿起手機查看是否有隔夜發來的郵件，而是先專心花時間和上帝在一起，再去做其它事情。個人

習慣要做出立即性的改變並不是那麼容易，我經常會分心，想著去做其它的事情。但如果我已做出選擇，將上帝視為我生命中的首位，我就會毫不遲疑，把榮耀祂作為我每天早上的首要任務。

## 與天父的交流時光

耶穌為我們樹立了這樣的榜樣：「次日早晨，天未亮的時候，耶穌起來，到曠野地方去，在那裡禱告。」(可 1：35) 和我一起想像那番景象：耶穌表面看似孤獨，實際上祂卻與上帝同在，祂坐在加利利海邊或山坡上，在周圍的世界醒來之前，祂祈禱並與天父交流。我相信，這是祂與天父分隔兩地時，供給祂力量、應付眼前一切事的時刻。就連耶穌每一天都需要這樣的時刻，我們豈不更加需要嗎？

當周圍的世界尚在沉睡時，與上帝在一起能確保我不受打擾地與祂共度時光。我在清晨來到上帝面前時，周圍似乎更安靜，我的心也更清明。毫無疑問，這種《聖經》學習方式絕對會與我在上午10點左右讀經有所不同；那時電話鈴聲可能大作，我會受到外界的干擾，內心深處也會覺得自己已經開始了新的一天，不再那麼留戀上帝了。但在清晨的寂靜中，在一天的事務喚醒世界之前，我可以在獨處與安寧中來到祂的身邊，上帝每天早晨都在等著我。

我開始意識到，如果我回應上帝的召喚，與祂共度時光，而不是賴床，祂會給我更多的力量來迎接新的一天。有時候(尤其在冬天時)，我很難鑽出溫暖的被窩，但是當上帝把我喚醒時，我無法抗拒和祂在一起。在我挪動雙腿、準備起身之前，我請求祂祝福我們共處的時光，賜給我清醒的頭腦和敞開的心。在晨光縈繞之際，和上帝在一起成了我一天中最寶貴的時間。

如果你是個大忙人、每天生活都很緊湊，那就要祈求上帝的幫助。我相信最重要的是祂想在你百忙之中的某段時刻來陪伴你。要留下一點時間，遠離一天之中的忙碌和喧囂。在清晨到來、太陽升起時，讓祂話語的暖流注入你的生命，這對你來說將非常珍貴。你將倘佯在指引你人生的話語中，這些話會給你勇氣、智慧和平安，讓你去面對新的一天將發生的一切。和上帝同在的時間會影響你的一天，沒有什麼能比這更能給予你力量。

俗話說：「如果你一直都做同樣的事，你就會得到同樣的結果。」同理可證，「如果你不做計劃，那你就是計畫失敗。」這套說法也適用於《聖經》，所以要安排好何時及如何學習《聖經》。你可能聽說過別人如何學習，或者曾有人教過你。有些建議和想法是很好的，在下一章我將與你分享其中的一些。你要開始親自打造一個學習計畫。與上帝的關係日益密切，時間將過得非常有意義。

我不斷與上帝立約，請求祂幫我遵守每天與祂的約定。祂希望和我──也希望和你在一起的程度遠超過我們的想像！我能想像祂耐心地站在我的心門外，輕輕地敲，等著和我共度時光(啟3：20)。

我還意識到我不應慌張、急促地與上帝相處。生活似乎很匆忙，我不想速讀上帝的話。我應該心無旁騖，因為對心靈最有益的事，就是讓世上的光──上帝，對我的生命說話(約1：9)。如果把每天最好的時間交給祂(對我而言是清晨)，我們的生活將會徹底改變。

最後，如果你有些早晨錯過了與上帝在一起的機會，也不要放棄。有時的確會出現緊急情況，或者由於某種原因，使你無法與上帝相會。在那些日子裡，我從未感到踏實，因為覺得錯過了藉著上帝的

話與祂一對一交流的機會。但這並不能阻止我在當天晚些時候，或者第二天早上持續與祂相處。上帝當然不想讓我們因此覺得沮喪，以此做為不回到祂身邊的理由。但是不要讓無法每天與上帝相處的狀況延續多日、甚至幾個星期或幾個月。要記住，與上帝建立持久關係是每天的決定，如果你願意，可以就從今天開始。

我邀請你祈求上帝明天就喚醒你，好讓你藉著讀經和禱告與祂共度時光。祂定會這樣做，還會賜給你經歷一天所需的力量。你會因與祂在一起，能給你的生活和人際關係帶來的變化，而感到驚訝。

## 是閱讀還是研究？

我逐漸認識到，閱讀《聖經》和深入研究《聖經》是有所區別的。對這種差異的理解和認識完全改變了我早晨與上帝共處的方式。我相信，單純閱讀《聖經》和研究《聖經》之間的主要區別可以歸納為一個關鍵行動：書寫。在腦子裡研究《聖經》是很困難的。書寫可以幫助我們放慢思考的速度，默想上帝的話語，在這個過程中可以觀察、解釋、應用和行動。當我選擇暫停一會兒，把我的想法寫在紙上時，最初零散的想法就自然會從腦海中滙集，流向我的筆尖，然後進入我的內心和每日的生活。如果不把想法即時寫下來，之後一天的工作就會把我吞沒，讓我很快就將所學的東西拋諸腦後，日後也無法再進行反思。

我剛開始讀經的時候，通常會讀得很快，這取決於那天我生活中有哪些緊迫的事。如果只是閱讀，我便會花很短的時間去思考，然後匆匆忙忙繼續一天的生活。但是如果我寫下一些閱讀心得，甚至僅僅是抄寫，就更有可能留心並記住這信息來度過一天的光陰。我們

**65**

如果寫心得，就更能記住自己讀過的內容。這正是為何我們平日會寫待辦事項和備忘錄——這樣我們才不會忘記！這跟學習《聖經》很相似。書寫幫助我們回味上帝的話，讓它在我們的生活中縈繞。

有人說：「讀《聖經》而不思考，就像吃飯而不吞咽。」我把書寫看作是「吞咽」或思考的一部分。〈詩篇〉119：15–16這樣說：

> 「我要默想祢的訓詞，
> 看重祢的道路。
> 我要在祢的律例中自樂。
> 我不忘記祢的話。」

然而，如果你因為某些原因不方便書寫，我鼓勵你仍然使用這本書中分享的觀點。如果不寫，也可以朗讀《聖經》的應許，然後大聲說出你對上帝的回應。大聲把《聖經》讀給上帝聽，把你心裡所想的告訴祂，是一件非常美好的經驗！在你尋找《聖經》珍寶的時候，這些對話一定會祝福你，讓你靠近祂的慈懷。

## 沉浸在《聖經》裡時，我需要做什麼？

毫無疑問，你有一本世界上銷量最大的書。也許你擁有不止一本，也許它就在你的床邊或書架上，也許書頁磨損，劃過線，曾用作祈禱，也許從來沒有打開過。不管怎樣，你應知道，你不必是神學家才能理解《聖經》。你需要做的就是打開《聖經》，用敞開的心尋找上帝，你就必尋著祂（耶29：13）。

你可能已經有一本《聖經》了，但我鼓勵你去找一本頁邊留白處較

大的《聖經》，方便你在上面書寫。上帝的話是活潑的，有功效的；上帝藉著《聖經》直接對你我說話(來4：12)。我相信祂想藉著活潑的話與我們交流，所以只要你覺得方便，就可以在你的《聖經》上寫字。我的《聖經》上有很多筆記，我經常在閱讀一段經文時，會看看我以前寫在空白處的想法或心得；它以一種非常個人化的方式讓我看到經文的生命。

你會發現有很多《聖經》譯本可供選擇。根據你的學習方式，我建議你使用傳統直譯的《新欽定本》(NKJV)或《英文標準本》(ESV)，以及易於閱讀的意譯本，如《新生命譯本》(NLT)。有些《聖經》，如《當代聖經》(The Living Bible)和《聖經釋義》(The Clear Word)屬於編譯本，是用譯者自己的語言對希伯來文和希臘文進行改寫。雖然編譯本可能會幫助你用新的角度或方法閱讀《聖經》，但其措辭可能無法幫助你準確理解其意義，因此不應單靠它來學習。如果你正在閱讀一段經文，並且有一個以上的譯本，你的理解會很豐富。我只用一本《聖經》(《新欽定本》)作為我的主要《聖經》，裡面有我全部的手寫筆記。

如果你想給孩子買一本《聖經》，可以選購適合他們年齡的兒童《聖經》。我最喜歡的是《彩圖聖經》(Illustrated Bible，NASB)。這是我見過最漂亮的兒童《聖經》；每隔幾頁就編排了圖畫，栩栩如生地呈現故事，這樣就能讓你的孩子(和你)集中注意力。

你還需要一個日誌(手帳)；日誌樣式繁多，有橫線也有空白的。我還有一支彩色鉛筆，用來標記《聖經》中對我特別有意義的應許，還有一支很細的鋼筆，可以讓我在《聖經》空白處筆記本上書寫。

一旦你有了《聖經》、日誌、筆記本和筆，接下來就是尋找一個每天可以安靜學習的地點。有些人選擇一把椅子，房間的一個角落，甚至是壁櫥裡面的桌板。無論你選擇何處，都可以隨時隨地學習《聖經》。我喜歡每天都在固定的地方讀經和書寫。你為「約會」(包括地點)作好了安排，將有助於你每天專心與上帝相會。

我每天早上都會去一處地方和上帝相會，以前是我的辦公室，但最近我把書房搬到了客廳，因為孩子們經常在醒來時和我一起學習《聖經》。

## 不分就學或工作

除了《聖經》學習日誌外，我還有一本工作日誌。每天我都會在這份工作日誌中寫一個重要金句，隨身攜帶，作為我與上帝共處時刻的紀念；它可以是個人的挑戰，一則祈禱或者一項應許，將它寫進我的工作日誌中，我整天就有上帝話語相伴，並得到巨大的鼓勵。

如果你尚在就學，一句話的應許或祈禱也可以成為一個巨大的啟示，即便你只能在課餘之間，看一看上帝那天藉著《聖經》對你說的話，也會使你受到鼓舞。

有時候，信息會是非常個人化、與自身處境十分貼切的，這是多麼令人訝異的事！我寫下這個信息時並不知道它的意義，直到那天稍晚才會意過來。回顧過去的幾個星期和幾個月，看到上帝是如何清楚地談到具體的問題，或是讓我準備好接受祂話語中的信息，這也是令人驚嘆的！

## 禱告的重要性

　　禱告對於學習《聖經》的重要性自不必多說。懷愛倫告訴我們，我們讀經時並不孤單。藉著邀請聖靈作我們的嚮導，我們可以拒絕所有其他的干擾，仇敵就逃跑了。她說：「我們必須以祈禱的精神研究《聖經》。只有聖靈能使我們體會到《聖經》中一些容易明白的教訓是何等重要，並幫助我們不致曲解《聖經》中深奧難懂的真理」（《善惡之爭》，599頁）。「如果我們向耶穌祈求明白真理的亮光，耶穌同樣可以在我們禱告的隱秘處看見我們。來自光明世界的天使就會與虛心尋求上帝引導的人同在」（懷愛倫，《喜樂的泉源》，81頁）。「聖天使的職責乃是要預備我們的心去領會上帝的話，以致我們能欣賞其中的優美，領受其中的警告，並因其中的應許而得到鼓舞和力量」（懷愛倫，《預言之靈》卷四，418頁）。我們可以在讀經時立即求上帝賜福我們，也可以在讀經前稍作停頓，先放下一切，邀請聖靈帶領我們來到當日需聆聽的信息跟前。這種放下意味著將我們的計畫、意志和欲望擺在一旁，準備好聆聽上帝那天早上、通過祂的話語想傳達給我們個人生命的日常信息。最重要的是，它意味著要在主面前謙卑、完全謙卑（詩51：17）。

　　雖然我們之前談過這個問題，但我想再次強調，每當我帶著匆忙或驕傲的心態來學習《聖經》時，最後總不免抱著一副無所謂的態度繼續過日子。我現在已經認識到謙卑的精神，開放的心以及希望讀經時與上帝同在的重要性。毫無疑問，上帝會透過祂的話語與你說話，而且經常會以你意想不到的方式，涉及到你生活中始料未及的領域。

　　上帝的話語有大能，當我們藉著讀經與祂共度時光並邀請祂親近時，祂的來臨就改變了一切。紙上的文字成為與宇宙之神對話的一

部分，傾注我們生活的每個角落。要始終以《聖經》為基礎，因為《聖經》是上帝在你的生活中說話和引導最可靠的來源，並且要警惕其他沒有《聖經》依據、所謂「聽神說話」的方法。

　　不要忘記祈禱。要因上帝的身分，和祂在你生命中的作為讚美祂；要把你的憂慮擺在祂面前，在你與祂共度時光之際，就你的問題尋求祂的指導，並請祂指出你身上任何不足或可指責之處（詩139：24），然後打開祂的話語，聽祂透過《聖經》對你說話。

# 第 六 章
# 學習聖經的方法

你們查考《聖經》，因你們以為內中有永生；
給我作見證的就是這經。

**約翰福音5：39**

我想起了我的好朋友（**我在本書一開頭曾提過她**），她坦誠地告訴我，在學習《聖經》的時候，她完全一籌莫展、不知道該從哪裡開始？我不知道我們當中有多少人有同樣的想法，但卻沒有足夠的勇氣說出來？又有多少人知道《聖經》是一本值得閱讀的好書，卻不知道該如何去領會字裡行間的信息？說實話，我們也沒有太強烈的意願沉浸在《聖經》中，也許是因為我們太忙了，沒有意識到它會從根本上改變我們的生活。

我會分享一些享受上帝話語的簡單方法，但在此之前，我要分享的是，作為一個母親和基督徒，我想讓我的孩子們認識耶穌，並知道如何透過閱讀祂的話語來深入瞭解祂。我必須說，這麼多年來，我一直不知道如何向孩子們灌輸學習的願望，以及如何幫助他們學習《聖經》。但是，最近我讀到的一段話，深深地打動了我：「**因為許多父母和教師雖然自稱相信上帝的聖言，他們的生活卻否定上帝聖言**

的能力，所以雖是教導《聖經》，卻不能在青年人身上發揮更大的效能。青年人有時感受到上帝聖言的能力，看見基督之愛的寶貴，看見祂品格的美，以及奉獻一生為祂服務的前途。但他們也看見那些自稱尊重上帝律例之人的生活。」(懷愛倫，《教育論》，259頁)當然！在我希望孩子們開始明白上帝的話如何改變我之前，我自己平日的生活首先就必須能夠證明這一點！

　　我在和家長交談時，發現我的個人經歷並不罕見。我見過的基督徒父母中，很少有人能主動教導他們的孩子如何自學《聖經》。虔誠的基督徒父母通常會在早晨或晚上舉行家庭禮拜，分享《聖經》故事和原則，這是孩子們屬靈成長一個很好的基礎。我們從〈申命記〉6：7-9中得知這一點的重要性：「也要殷勤教訓你的兒女。無論你坐在家裡，行在路上，躺下，起來，都要談論。也要繫在手上為記號，戴在額上為經文。又要寫在你房屋的門框上，並你的城門上。」孩子還小的時候，我們只有短短幾年時間與他們分享《聖經》，上帝的話語應該注入我們的日常生活。我們需要有意識地考慮實行此計劃的時間和方式。上帝的話應該影響我們的行動(「繫在手上為記號」)和我們的思想(「戴在額上為經文」)。我們家中應該有具體的證明，表現出我們選擇事奉的是誰。

## 每週2小時屬靈 V.S. 每天7小時屬世

　　我對於巴納美國文化和信仰研究所 (American Culture and Faith Institute) 在2017年的調查很感興趣，其結果顯示58%到70%的父母認為讓孩子參加大型的家庭聚會、教會禮拜、藝術展和閱讀《聖經》是很有價值的，但是孩子們平均每週花在這些活動上的時間只有兩個小時。相

比之下，33%到43%的父母認為，讓孩子觀看職業賽事、電視新聞、網路內容和流行電影沒什麼價值，然而孩子們卻平均每天花7個小時在這類活動上。**（科斯廷‧喬達奇，〈喬治‧巴納對復臨信徒代表說：我們正處於危機之中〉，《復臨評論》，2017年5月17日）**

巴納還指出，從統計資料上看，僅僅極少數的年輕人擁有所謂的「《聖經》世界觀」**（即按《聖經》指導看待生活）**，在18–30歲的人中，這樣的世界觀只佔4%，30–49歲的人中只佔7%。這個統計數字對比表明，人們對於將《聖經》價值觀傳遞給下一代一事不甚積極。

雖然對我們來說要讓家庭聚會持之以恆並不容易，我和馬特依然有共識，要讓敬拜成為我們家庭生活中不可或缺的一環。我們早晚都會在固定時間聚集在客廳裡，分享有意義的敬拜。這是我們日常生活的一部分。我們已經看見固定的家庭聚會如何讓我們在態度、彼此的關係，以及在同一個屋簷下各方面的生活產生變化。我們的家庭聚會並無固定模式，有時是由孩子們來帶領。我們讀經、祈禱、有時唱歌**（尤其是在週五晚上）**，我們所有人都分享上帝是如何在個人和實際的層面上參與我們的日常生活。

這是一個非常有意義的時刻。然而，我和馬特也開始意識到教導孩子自學《聖經》的重要性。也許我們的急迫感來自於看到孩子們是多麼渴望和他們的父母一起學習，花時間共處；但與此同時我們也看見，再過不久，這些孩子就會成長，進入青少年階段，而我們可以教導的時間越來越少了！

所以在寫下這些經驗的同時，我們一直都在努力教導我們的三個孩子如何學習《聖經》，他們分別是8歲、10歲和12歲。我很樂意分享

一些我們觀察到的經歷，以及確實很有用處的簡單策略。另外，我要分享一些實用方法，讓你以有意義的方式更深入地探討上帝的話語，不論你是青少年或是其他年齡層的讀者。

這些學習《聖經》的方法並不局限於任何年齡或屬靈成長的任何階段。第一種方法對年齡較小的孩子或任何想以簡單方式學習的人特別有幫助，我自己也經常使用這種方法。

# 一、逐節讀經法

孩子一旦有了閱讀能力，你就可以教他們學習《聖經》。對於任何年齡層的人（包括我）而言，我最喜歡的方法之一就是「逐節讀經法」。我特別推薦這種方法給正在學習讀寫的兒童（6-9歲）。我非常珍視下面這段話提供的建議，它幫助我設計了此方法的簡單步驟：

> 「學習《聖經》需要我們最勤奮的努力和堅持不懈的思考。就像礦工在地下挖掘黃金一樣，我們也必須如此認真不懈地去尋找上帝話語中的寶藏。在每日研究中，逐節學習的方法往往是最有幫助的。學生先閱讀一節經文，集中思想去明白上帝在這節經文中給他的意義，然後專心思考這意義，直至融會貫通。這樣研究一節經文直至明瞭其意義，要比熟讀許多章節而沒有一定的目標、得不到明確的教訓更有價值。」（懷愛倫，《教育論》，原文189頁）

要記住「挖掘黃金」並不是大略瀏覽《聖經》，而是要挖掘，直至找到當日的金子。有時我一開始讀就會發現一些深刻的東西。我會祈

禱，寫下心得筆記，因它如何對我的生命說話感到震撼。但有些時候，我可能讀了很長一段篇幅的《聖經》，卻不得要領。我學會了堅持閱讀和挖掘，因為金子就在那裡等待我去發現。只要我挖掘的時間夠長，我總能在某個時候找到有價值的東西——甚至是在〈利未記〉這樣的書卷裡。

我讀過巴特勒主教的一句話：「這一本在人類歷史長河中始終存在的書，居然還包含許多尚未發現的真理，這一點完全不令人感到意外。」**(約瑟夫・巴特勒，《自然和啟示宗教與自然構成和過程的對比》，1847年，209頁)**

深入挖掘每一節經文，你就會發現《聖經》是多麼的深奧，它可以和任何年齡層的人對話。

我教了我8歲的兒子伊萊這個方法，以及如何讓事情變簡單。以下是我為他設計的步驟，我知道他再過一段時間就能靠自己做到：

首先找出一個《聖經》的應許。我和伊萊一起讀經時，通常會找出兩節經文，大聲唸給他聽。再讓他選擇那天他想探討的經文**(選擇對我們所有人都很重要)**。我要他把這節經文一字不差地抄在筆記裡，等抄完後，我請他朗讀，再問他認為這節經文裡最重要的主題思想是什麼**(如果他不確定，我會讓他在兩三個最重要詞彙裡選擇)**。請他在主題思想下劃線。然後用自己的話寫下他認為這個主題告訴了他什麼；可能是關於上帝，或他自己，或故事本身。如果他想不出來，我就會向他提一個開放式問題幫助他思考，我還會要他寫下一句話來回應上帝。之後，我會讓他大聲祈禱，他可以和我一起，或者自己禱告。最後我會問他：「今天你能和誰分享這節經文？」

### 兒童的讀經指南

1‧讀經的時候求耶穌與你同在。

2‧選擇一節或一段《聖經》經文。

3‧把這一段經文寫在你的筆記裡，然後朗讀。

4‧在這一段的主題思想下面劃線。

5‧寫出這個主題思想對於上帝或你自己說了什麼。

6‧寫下（或輕聲說出）你想對耶穌說的話，這些話便是你的祈禱。

　　我收錄了兩則範例，它們並不是伊萊特地為本書寫的，但他允許我收錄在本書中，這些是他《聖經》學習日誌中的真實例子。他喜歡寫上自己的名字，在第一個圖例中，他寫下了自己的生日和他想像自己向上帝祈禱的塗鴉，是不是很可愛呢？我還收錄了自己的一個範例。

耶利米書 24：7　　生日 7月1日　2018
　　　　　　　　我 7歲　4月25日

我要賜給他們認識我的心，知道我是
他們要作我的子民，我要作他們的上帝，　　耶
因為他們要一心歸向我。　　　　　　　　和
　　　　　　　　　　　　　　　　　　　　華

有一　很好的 很愛人 的心
　　還有　很會聽說話

求耶穌　我可不可以有好心
　很愛人 又打開的心

我 們好愛你
　　　　耶穌
　　　　　　　　我在想…我們
　　　　　　　　要怎樣服主。

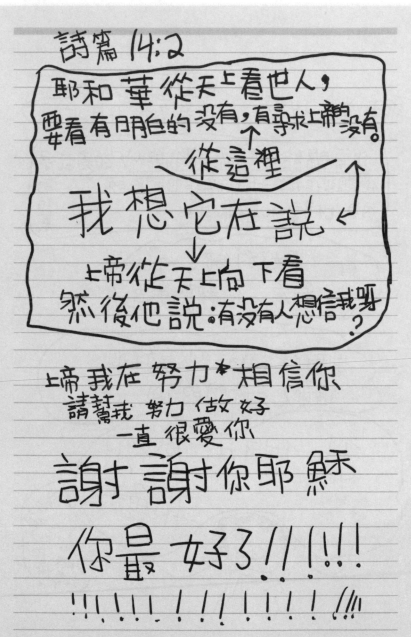

詩篇 14:2

耶和華從天上看世人，
要看有明白的沒有，有尋求上帝沒有。
從這裡

我想它在說

上帝從天上向下看
然後他說：有沒有人想信我呀？

上帝我在努力*相信你，
請幫我努力做好
一直很愛你

謝謝你耶穌

你最好了！！！！！！
！！！！！！！！！！！！！！／／／

## 逐節讀經法

以賽亞書51：7-9

知道公義、將我訓誨
存在心中的民，要聽我言！ ] 我的心思意念應該要
聽從主並鼓起勇氣

不要怕人的辱罵，
也不要因人的毀謗驚惶。 ] 我不用懼怕

因為蛀蟲必咬他們，
好像咬衣服； ] 這是我不用怕的原因

惟有我的公義永遠長存，
我的救恩直到萬代。 ] 上帝是永遠長存的

耶和華的膀臂啊，
興起！興起！
以能力為衣穿上， ] 我要興起不放棄。
我也是上帝膀臂的一部分，
要來做祂的工
像古時的年日、
上古的世代興起一樣。

主啊，我為這大有能力的信息感謝祢。
感謝祢今天賜給我勇氣，
讓這章節告訴我不必害怕或擔憂。
請興起我，讓我能完全以祢的能力為衣，
我今日就樂意成為祢的膀臂！

　　對於正在學習閱讀的小孩子來說，抄寫一節經文可能有些困難；
如果他們漏了一個詞，或者漏掉了一整行，或者重複了一整行，他們
可能會很沮喪。我發現一個很有效的方法是給伊萊一個小書籤，把
它放在抄寫的那行經文下面，我會把前述的簡單讀經步驟記在這張
書籤上。

　　我觀察到在孩子們學習《聖經》的同時，他們的品格逐漸產生變化。他們平時或有固執或自私的時候（**我們有時也是**），但到了早上，他們讀完《聖經》之後，我就會看到他們表現出一種甜美的謙卑精神，唯有《聖經》帶給我們生活上的改變之後，這種精神才會產生。我相信沒有什麼能像聖靈藉著上帝的話語在我們裡面動工那樣，強而有力地改變我們的心靈和態度。

　　當孩子們感到傷心沮喪，或需要鼓勵時，讓他們重溫《聖經》學習日誌很有幫助。我的女兒塔莉亞經常為她讀到的內容感到興奮，因她看出它如何與生活經驗結合，藉此發現上帝是真實的，願意與她互動。最近我們家搬到國外後，她十分想念之前的朋友，常為此感到難過。但後來她天天來找我，讓我看她自己找到的《聖經》應許；這些應許直接針對她的思鄉之情給予安慰，以及耶穌承諾很快就會來的事實。她找到了這些應許和其他經文：

> 「你要專心仰賴耶和華，不可倚靠自己的聰明。在你一切所行的事上，都要認定他，祂必指引你的路。」（箴3:5-6）

> 「你們當剛強壯膽，不要害怕，也不要畏懼他們，因為耶和華你的上帝和你同去。祂必不撇下你，也不丟棄你。」（申31:6）

> 「在我父的家裡，有許多住處。若是沒有，我就早已告訴你們了。我去原是為你們預備地方去。」（約14:2）

> 「看哪，我必快來。賞罰在我，要照各人所行的報應

他。」(啟 22：12)

回顧上帝對她生活發出的應許，給她帶來了勇氣和信心，使她相信上帝在掌管一切，並引導她的生活。她自己發現了這一點，令她興奮不已。

作為一個簡短的補充說明，我想分享的是，不管是《聖經》，或是孩子的《聖經》學習日誌，絕不可用來當作強迫他們執行或思想的武器。如果你這樣做，他們就可能開始討厭你和《聖經》。這種強迫也與上帝的品格相違背，自由意志的重要性不可忽視。《聖經》清楚表明，自由意志對上帝具有不可思議的重要性。祂本可以把我們創造得像機器人那樣有侷限性，按照預先安裝的程式，對環境做出反應，但這違背祂品格中最深刻、最重要的特質——愛和自由。

如果孩子還不會寫字，你依然可以用這種方法教導他們。要分享每一個步驟，但不用讓他們寫出回應，只需邀請他們畫一幅畫或簡單地與你和上帝談論這節經文做為回應。

## 二、逐字讀經法

對於神學家來說，詞彙研究通常意味著使用索引、詞典和其他參考書來追溯一個詞在《聖經》中的用法。但我發現，有另一種作法也能帶來祝福，就是只需思考每一個詞，及其對我可能的意義，以此來探討一節經文。

為了進行詞彙研究，我單獨深究一節經文，思考每個詞彙，多次閱讀這節經文，每次側重不同的詞彙。我通常會逐字抄寫這節經文

多次，然後思考這節經文中不同的詞彙，寫下我對其含義的見解。最後就這節經文及其對我生活的意義，寫一段禱告詞，做為對上帝的回應。

　　具體實施步驟如下：

1.祈求聖靈在你閱讀時引導你的心。

2.多次抄寫同一節經文。

3.思考這節經文中的各個詞彙。

4.寫下你認為這些詞彙對你今日的意義。

5.寫一段回應上帝的禱告詞。

　　讓上帝藉著一節經文啟示不同的信息，乃是一個奇妙的經歷。右圖是〈以賽亞書〉25：9第一部分的例子。

　　你可以看到默想一小段上帝的話語可以帶來多少省思，以及多麼大的力量！上帝多次藉著這簡單而虔誠的方法告訴我真理。你可以看到，逐字思考意義，直到最後對這節經文做出回應，這樣的方式實做起來並不困難。

## 三、整卷／整章讀經法

　　我最喜歡的另一種學習《聖經》的方法是選擇一卷《聖經》，逐段或逐章學習，這實際上是「逐節讀經法」的擴展。這種學習需要花多一

# 逐字讀經法

以賽亞書25：9

看哪，這是我們的上帝；
我們素來等候他，他必拯救我們。
（上帝值得我們注視！我今天如何才能定睛在祂身上呢？）

看哪，這是我們的上帝；
我們素來等候他，他必拯救我們。
（上帝是我的主，我願大聲宣告！）

看哪，這是我們的上帝；
我們素來等候他，他必拯救我們。
（上帝不只是我一個人的；祂也是每一個人的上帝－是公平的。）

看哪，這是我們的上帝；
我們素來等候他，他必拯救我們。
（上帝超越世上一切所有，祂是獨一真神。）

看哪，這是我們的上帝；
我們素來等候他，他必拯救我們。
（上帝子民等候祂好幾百年，我現在也在等候祂。）

看哪，這是我們的上帝；
我們素來等候他，他必拯救我們。
（等候其實不容易，雖然我等待祂再來，也在等祂回應我的禱告。今天我仍在等，明白並相信祂會依祂的時間表回應我。）

看哪，這是我們的上帝；
我們素來等候他，他必拯救我們。
（這句話裡沒有懷疑，它清楚地告訴我上帝要做什麼。）

看哪，這是我們的上帝；
我們素來等候他，他必拯救我們。
（拯救我是唯有上帝能辦到的事。祂是我最需要的。）

看哪，這是我們的上帝；
我們素來等候他，他必拯救我們。
（祂的拯救是白白賜給所有人的，不單單只為我一人。）

我的上帝啊，祢是何等偉大！今天早上，當太陽冉冉升起，晨霧籠罩青草地時，我注視著祢。今天我等待祢的傾臨，我也在等待祢回應我的一些小小疑問——祢深知我內心的疑惑。我對祢的回應從不懷疑，就像我深知祢必再來拯救我一樣。我今天如往常一樣，也需要有祢在我的生命中，主啊，我愛祢！

# 整卷／整章讀經法

民數記9：15-23

| | |
|---|---|
| 17節 | 雲彩幾時從帳幕收上去，以色列人就幾時起行；雲彩在哪裏停住，以色列人就在那裡安營。 |
| 18節 | 以色列人遵耶和華的吩咐起行，也遵耶和華的吩咐安營。雲彩在帳幕上停住幾時，他們就住營幾時。 |

這是多麼美好的一章！我喜愛這章告訴我如何去信任上帝並祂的行事方式。以色列的子民只在雲彩移動時才行動，這就意謂著他們每天都得做好搬遷的準備，他們不會安逸的待在一處，因為上帝有更好的計劃。雖然計劃的實現比他們想像中（也比上帝想得）要花更長時間，但他們的目標是要搬遷到他們的「新家」。

人民並不知道下一步雲彩會移到哪裡，我好奇他們當中會不會有人站在雲彩下的陰影週圍，滿心期望它移動？或者他們會對於不斷地停下來又出發，甚至接連幾天都這樣而充滿抱怨？

主啊，我就像以色列的子民。我要為祢注視那片雲彩——讓它來引導我生命中的每一刻。但是當我在雲彩的陰影下等待時，請幫助我不要抱怨連連！我知道我所站立之處正是祢希望看見的。賜我更大的信心來信靠祢！幫助我不要跑在帶領我生命的、祢的雲彩前頭。我深知無論身在何處，是空蕪的荒原還是沁心的溪水旁，祢都會教導我，並為我預備住處。

點時間，特別是當你想要深入思考經文，進行研究，而不是匆忙閱讀之時。然而它與「逐節讀經法」一樣，可以獲得很高的回報，並有利於關係的建立。

關於這種方法，我遵循以下步驟（範例見左圖筆記）：

1‧祈禱：開始讀經之前，祈求聖靈在閱讀時引導你的心思意念。

2‧閱讀：當你慢慢讀這一章時，在你認為重要的主題下劃線。

3‧思考和抄寫：思考劃底線的章節或主題，把它們抄在筆記裡。

4‧聯想：上帝透過這段話說了什麼？把思考和回應寫下來。

5‧禱告：寫一段回應上帝的禱告詞。

如果你想更深入研究經文，使用《聖經》詞典或注釋會很有益處。但我第一次通常都會先單純閱讀文本，並在聚會時作出回應。

## 四、提問讀經法

我相信，只要我們抱著開明、謙卑的態度和祈禱的精神，任何一段《聖經》都能與我們的生命對話。有時你可以考慮提一些重大問題，來加深你對這段經文的理解。例如我發現下列的三個問題總是能帶出個人見解和挑戰：

1. 這段經文告訴我關於上帝的什麼信息？

2. 關於我自己和人性，這段經文告訴我什麼信息？

3. 我今天會因為理解上帝的話語做出什麼改變？

還有其他一些重要問題，你可以將其應用在經文裡，加深你的理解。這些問題可以幫助你更深入探討任何章節或故事：

4. 這段經文或故事告訴我有關善惡之爭的什麼信息？

5. 在這段經文或故事裡，我從哪裡可以看到上帝拯救人類的救贖工作？

6. 我還能找到其他哪些經文進一步擴展這些主題？

關於上述這些問題，我很喜歡下列的引言：

「《聖經》乃是它本身的解釋者。應將經文與經文互相比較。學生應學會視《聖經》為一個整體，看到其各部分的關係。他應當瞭解《聖經》偉大的主題，上帝對世界原來的旨意，善惡大鬥爭的起源和救贖的工作等。他應當明白正在爭奪上風的兩大原則的性質，從歷史和預言的記載中追溯它們的運作直至大功告成。他也當看出這場鬥爭介入人生經驗的各個方面；在他自己生活的一舉一動中，如何顯示兩種敵對動機中的一種；不管他願不願意，他都要決定自己站在鬥爭的哪一邊。」(懷愛倫，《教育論》，190頁)

從不同的角度觀察《聖經》，可以使你看出，你必須挖掘多深，才能找到我們所說的黃金。

## 提問讀經法

路加福音10：38-42（馬利亞和馬大）

### 1. 關於上帝，這段章節告訴了我什麼？

耶穌是上帝道成肉身，以非常個人的方式與人互動。祂與遇見的人一同吃飯、教導他們，與他們同行；祂這樣做是為了彰顯關於天父的真理，這便是祂來到世上的目的。我很喜歡在這一章中耶穌是如何呼喚了馬大兩次，這表示祂明白她的感受，並以一種不同於以往、更好的方式和她談話。

### 2. 關於我自己和人性，這段章節教導了我什麼？

這則故事對於生活在廿一世紀的我們而言，其中的信息是很有力量的。我們都太忙碌了，我也一樣！我常常把時間精力耗在許多所謂的「好事」上，而以犧牲和最重要的人——耶穌共處的時間為代價。

### 3. 今天我願意做出何種改變，來回應我對上帝話語的理解？

耶穌所說的那句話：「馬利亞已經選擇那上好的福分，是不能奪去的」真是深得我心。它指出一件事：我可以選擇讓自己困在日常瑣事中，或花時間與祂相處。

我常常被許多瑣事困擾，就像馬大一樣，而這些事可能原本就不值得憂慮。

今天我選擇坐在耶穌腳前，我願選擇祂成為生命中的首要。

路加福音10：38-42（馬利亞和馬大）

4. 關於善惡之間的大鬥爭，這個故事告訴了我什麼？

雖然我平時很少注意到這一點，但在我的生活和思想中的確有一場爭戰。耶穌邀請我，選擇坐在祂腳前，我卻時常因為別的事分心而放棄。

5. 在這個故事裡有哪些地方可以讓我看到救贖的大工？

坐在耶穌腳前是一個對全人類敞開的機會。雖然有些人早已在祂跟前，但耶穌還是邀請所有人都來加入祂。祂不放棄我們，即使我們經常分心、感到壓力或太忙碌。祂渴望每個人都能和祂共處。

6. 有哪些其他的章節，可以讓我更進一步研究這個主題？

我第一個想到的章節是馬太福音6：25-34，關於「不要憂慮」的主題。我自己特別喜愛33-34這兩節。

我另外還想到了約翰福音3：16-17。上帝差遣耶穌為「人」來到世上，「人」是指任何人——叫「一切信祂的」。祂不是來責罰，而是來拯救。

> 親愛的耶穌，我此刻就坐在祢腳前，雖然我即將開始一天的生活，但我真的很想整天都在祢跟前。請告訴我如何在今日所行的每件事上，都能尋求祢。

## 五、Wh-問題讀經法——

人物(who)，地點(where)，時間(when)，事件(what)，原因(why)：

當你想要探索今日故事所包含的教訓、背景和意義時，這五個簡單的問題特別實用。使用《聖經》注釋，研經資料或《聖經》索引都很有益處。就充實個人而言，我在運用這種學習方法時，特別喜歡懷愛倫所寫的歷代鬥爭叢書(《先祖與先知》、《先知與君王》、《歷代願望》、《使徒行述》)。她對《聖經》故事的闡述非常豐富、深刻、激勵人心。

在學習一段經文時，請思考以下問題：

- 這個故事或這段經文的主要人物是誰？(他們告訴我什麼？)

- 這個故事發生在哪裡？(知道地點對理解故事有什麼幫助？)

- 參照《聖經》中其他重大事件，這個故事發生在什麼時候？(故事的背景是什麼？)

- 這個故事裡發生了什麼事？(這個故事的主旨是什麼？)

- 這個故事或這段經文為什麼會被收錄在《聖經》中？(今天它對我說了什麼？)

使用以上方法將幫助你以全新眼光看《聖經》中的任何故事。

## Wh- 問題讀經法：

人物 (who)，地點 (where)，時間 (when)，事件 (what)，原因 (why)

民數記 20：14-21

### 1. 故事中的主要人物是誰？

摩西，他的使者，以東王，還有以色列人。

### 2. 故事發生的地點在哪裡？

以色列人在以東的邊境不遠處紮營，那地方很靠近他們的應許之地——迦南。

### 3. 這則故事與《聖經》裡的其他事件有何關連？

摩西帶領以色列人出埃及，踏上了前往新家——迦南地的路程。這個故事就發生在他們漫長的旅程將結束之時。人民早已因為行走曠野多年疲憊不堪，非常渴望能快點到家。

### 4. 這則故事的主要事件為何？

摩西希望能借道，從以東進入迦南地。他派了使者禮貌地去請求國王的同意。他們強調絕不會在入境時取走任何東西，連境內的水都不會喝一口。然而，國王的回答卻是斬釘截鐵的「不行！」

以色列的使者又問了第二次，他還是說不行，還說他們要是入境，就會帶刀攻擊他們。以色列人只好再次退回曠野，繞過以東邊境。

《先祖與先知》 (422-423頁) 上說：「百姓在遇到試煉時若能信靠上帝。耶和華軍隊的元帥就必引領他們經過以

東地⋯⋯我們必須趁著上帝的天使正在等待為我們作工時，篤信上帝的話，並及時地遵行，這是非常重要的。因為有惡使者要阻撓我們的每一步進展。當上帝囑咐他的子民前進，正要為他們施行大事的時候，撒但就要叫他們遲疑耽延，使上帝不悅；他要惹起紛爭，或引起怨言和不信，這樣他就使他們得不到上帝所賜的福惠。上帝的僕人應當眼明手快，上帝一開了路，就應當採取迅速行動。他們的任何遲誤，必給撒但擊敗他們的機會。」

5. 這個故事為何會收錄在聖經中，其可能原因是什麼？

— 摘自《先祖與先知》
（421-423頁）

以東人也是亞伯拉罕和以撒的後裔，祂已將西珥山賜給他們為業，希伯來人要奪取迦南地並毀滅其中的居民，但以東人要受恩慈的待遇。

如果以色列人能照上帝的旨意經過以東地，就能為該地的居民造福；必能給他們認識上帝子民的機會，認識並看出上帝怎樣使敬畏愛的人凡事亨通。

上帝的子民應該做到 —— 信靠上帝

—— 即時行動

撒但一直在誤導他們，使他們的注意力放在旅程當中遇到的困難，使他們漸漸丟失對上帝會帶領他們至新家的信心。

要是他們能夠牢記上帝一路走來是如何帶領他們，那該多好啊！這讓我想到他們出發前的話⋯⋯「那和華必為你們爭戰；你們只管靜默，不要作聲。」（出14:14）

主啊，請祢今日引導我穿越以東地，越過我的敵人。幫助我能即時做出行動，請賜我大元帥，領導我穿過以東地。

## 六、以應許作為個人祈禱的讀經法

《聖經》裡的話語，比世界上任何事物都更能帶給你鼓舞。我曾有幾次在尋求的過程中，遇到上帝直接而清楚地對我說話，祂以我在《聖經》中讀到的話來回應我。有時我感到孤獨沮喪，卻從《聖經》中得到極大的安慰。

在我需要上帝鼓勵時，我會經常讀一些段落或章節。你也可以列一份《聖經》章節表，但我想把我的章節列表與你分享。這個列表並不詳盡，只是拋磚引玉而已，這些經文是屬於我們所有人的！

- 上帝愛我這個罪人：何11章；約3：16–17；猶24–25。

- 上帝引導的保證：但2：20–23；傳3：1–15；詩31。

- 感到孤獨或悲傷時：太5：3–12；腓4：4–8；4：19。

- 生活指南：耶31：33；出20；彌6：8；林前13；西3：12–17。

- 讚美上帝：詩67；伯37。

- 感到壓力或擔憂時：路12：22–34；來13：5–6；彼前5：6–7。

- 活出基督徒的樣式：羅12：9–21；弗5：8–14；約一1：7；2：15–17。

- 尋求上帝的智慧：箴2：1–9。

- 感到害怕時：詩91；57：1-3。

- 與敵人作戰時：弗6：10-20；彼前5：8-11。

- 想要懺悔時：詩51；提後2：19-22。

- 認識到我需要一位救主：約6：41-51；弗2：4-10。

- 更多地尋求耶穌：耶24：7；29：11-14。

- 上帝比我所遇到的困境更強大：賽55；番3：16-17。

- 需要關注永恆而非眼前事物：賽65：17-25；帖前4：15-18；啟21；22。

- 需要勇氣為上帝說話：賽55：11；59：21；提後1：8-12；4：2-5；彼前3：13-17。

- 醫治(精神或身體)：賽58：8；林後4：16-18；雅5：13-16。

閱讀這些美妙的應許並直接領受是一回事。但是我發現，當我把一段、或一章的經文一字不差地寫進日誌時，我對它的思考要比單純的閱讀更加深刻。因此，當我遇到生活中特別的挑戰時，我經常在日誌裡逐字抄下一段經文，然後在我覺得特別有意義的句子旁寫一段心得(這真的是我內心的祈禱)。你可以看到下一頁〈詩篇〉31篇的例子。在這個例子中，我特別著重於那些令我有深刻體會的章節；你會在筆記所列的章節旁邊看到我寫的這些句子。

## 以應許作為個人祈禱的讀經法

**詩篇31篇**

**1-3節**　耶和華啊，我投靠祢；
求祢使我永不羞愧；
憑祢的公義搭救我！
求祢側耳而聽，　　　　　　　　主，我知道祢聽得見我。
快快救我！
作我堅固的磐石，　　　　　　　主，我信靠祢，相信祢會
拯救我的保障！　　　　　　　　引導我的未來，雖然有
因為祢是我的巖石，我的山寨；　時看似不確定，但祢才是
所以，求祢為祢名的緣故　　　　我的確據，我的磐石和保
引導我，指點我。　　　　　　　障。

**14-15節**　耶和華啊，我仍舊倚靠祢；
我說：祢是我的上帝。
我終身的事在祢手中；　　　　　我將我的時間和未來交給祢。

**16節**　求祢使祢的臉光照僕人，　　請光照我，賜我因信祢過去的
　　　　　　　　　　　　　　　　引領而得的保證與平安。

**19-20節**　敬畏祢、投靠祢的人，　　我已無數次見證並知曉祢的美
祢為他們所積存的，　　　　　　好。祢為我預備，也只為我準
　　　　　　　　　　　　　　　　備最好的。我願
在世人面前所施行的恩惠是何等大呢！全心信賴祢和祢
祢必把他們藏在你面前的隱密處，的計劃。

**24節**　凡仰望耶和華的人，　　　主，請祢今日賜我勇氣。
你們都要壯膽，堅固你們的心！　使我的心堅固，因我深知
　　　　　　　　　　　　　　　　祢一路引導，我內心有祢
　　　　　　　　　　　　　　　　賜的平安。


　　　　　　　　　　　我的上主，我感謝祢，
　　　　　　　　　　　祢是我親愛朋友，
　　　　　　　　　　　在我孤獨時領導我、拯救我。

## 保持活力

我每次閱讀同一段經文，似乎總能發現新的意義，這取決於我人生的時段。《聖經》是一本內容豐富、意義深刻的書，我無法想像自己會對學習它感到厭倦。但是如果你每天和上帝共處時覺得模式有些重複，那不妨試試下列方法：

- 在大自然中散步，聽一段《聖經》的有聲書朗讀。隨身帶一支筆和一個小記事本，在聽的時候你可以停下來把重要的想法記在本子裡。

- 把整卷經文，比如〈約翰福音〉列印出來，標上不同顏色和記號。例如在不明白的句子旁加一個問號；在你真正喜歡的句子旁加星號；在指向耶穌的句子旁使用加號。利用一本《聖經》注釋或《聖經》詞典慢慢研究每一節經文。

- 朗讀《聖經》，想像上帝正在讀給你聽。

- 找一個地方獨處數小時，一口氣讀完整卷經文。先從一些較短的《新約》經卷開始，但也要挑戰自己去讀一些較長的經卷。我曾一口氣讀完了〈馬太福音〉和〈啟示錄〉，那真是一次難忘的經歷！

- 將意譯本《聖經》與你通常使用的《聖經》進行比較，寫下你發現的新見解。

- 找一位朋友一起朗讀《聖經》。兩人分別寫下筆記，然後分享各

自的見解。與人分享可能會激盪出新的問題或想法，你們可以一起探討。

- 選擇一個熟悉的《聖經》故事，但這次要從次要人物的視角思考。參考幾個不同的版本重讀這個故事，並考慮這個人物的觀點。從他們身上你學到了什麼可應用到你今天的生活中？

- 考慮與有能力閱讀原文的人一起學習，借助《聖經》索引和《聖經》詞典，深入探討這段經文的信息。

就像我們使用各種辦法和新的探索經歷來活絡友誼關係，就讓你以不同方法，使你每天與上帝的會面保持新鮮有活力，好讓你得著新的觀點。

## 比蜜更甜

幾個月前，一個朋友從他們的養蜂箱裡拿了一塊蜂巢送給我。我以前從來沒有吃過蜂巢，甚至不知道怎麼吃。我拿了一個小湯匙，把它伸進柔軟的蜂巢裡，舀了一大匙蜜放進我的嘴裡。我很吃驚，不知道蜂蜜是如何在我的舌頭上融化的。我輕輕地嚼著蜂蠟，然後吐出來，為它的美味讚嘆不已！不到一個星期我就把剩下的蜂巢都吃光了！它非常可口，我不得不說，除了蜂蜜之外，蜂巢絕對是我最喜歡的甜點。

最近嘗到了蜂巢，使我對〈詩篇〉119：103–104其中的意義有了新的感悟：

「祢的言語在我上膛何等甘美，

在我口中比蜜更甜。

我藉著祢的訓詞得以明白。」

上帝的話語對我的心靈來說的確是甜美的，不像這個世界給予我的其他事物。

我在這一章中分享的例子，是我從閱讀《聖經》到研究《聖經》的過程中使用的，說明我在平日裡如何透過讀經與上帝共處。我發現這些簡單的方法可以讓我對祂的話進行思考，而且提供機會讓祂的話以一種非常個人化的方式進入我的生活。

以這些方法研讀《聖經》，加深了我對上帝、祂在世上和在我生活中如何動工的認識。但最重要的是，它大大地加深了我與上帝的關係，這是前所未有的。我知道我可以從《聖經》裡尋求生活的指引，也可以轉向上帝的話語來讚美祂。敬拜祂、瞭解祂、透過祂的話語向祂學習，乃是生命奇妙的改變。

## 與人分享！！

無論你做什麼來讓個人的《聖經》學習保持活力，有一件事定會讓你對學習《聖經》永不厭倦：那就是分享你發現的寶石。

當我每天讀了一段時間的《聖經》後，聖靈會指出我生活中的欠缺，或告訴我從未見過或想過的事情，這時我就非常想與人分享心得。我通常去傾訴的第一個對象是我最親愛的丈夫馬特。有新的發現總是令人興奮的，即便它可能出自那些自小伴我成長的《聖經》故

事。他也和我分享他的見解。看到上帝透過祂的話語進入別人的生命是很激勵人心的，我喜歡聽馬特分享。

《聖經》對我來說是最豐富、最深奧的書，因為總有更多東西等待你挖掘。當我分享新發現時，它們不僅會在我的腦海中沉澱，我也能聽到馬特的想法，我們可以一起努力探討這些新見解。他會問我一些問題，或者分享一些我未曾思考過的層面，同時也談論他的研究心得。這都是內容豐富的對話，可以讓你的頭腦和心靈都充滿活力。

沒有什麼比這更能增進、加深我們兩人的婚姻關係。我感到驚訝的是，分享《聖經》真理比世界上任何事物都更能加深人際關係。我和馬特以主動、自發的方式進行分享——無論是在早餐時間，預備午飯時，甚至很多時候是在我們的孩子面前。我們一直想讓孩子們看到，我們與上帝同行是充滿活力和生命的，也是常態的——在我們的分享中，沒有一絲勉強。我們總是在家人面前快樂地分享。

如果你正在和某人交往，我會鼓勵你／妳與女友或男友分享你在《聖經》中發現的寶石。雖然你可能不想做出任何屬靈上的判斷，但藉此方法你很快就會發現，你們在屬靈上是否合得來？對方是否願意傾聽你的意見？是否願意和你一起成長？你選擇和誰結婚，也許是你與上帝同行，以及未來是否能進入永恆最重要的決定因素。以此方式彼此分享會讓上帝在這個決定過程中，為你提供指引。

每天早晨，我都情不自禁地想方設法分享我在《聖經》中發現的奇妙洞察——鼓勵別人或邀請他們向上帝尋求指導和支持。我經常很訝異地發現，我個人的《聖經》學習會直接影響我每天與人之間的對話。我絲毫不懷疑，當我以住在基督裡來開啟我的一天時，我的行

動、思想和談話總會有所不同，這是我與祂共度時光後產生的果效。

## 我應該讀多久？

學習《聖經》可以花上幾分鐘或數小時，這取決於你在多大程度上能理解上帝的話。和任何關係一樣，你和人相處的時間越長，你就越瞭解他們，上帝也是如此。你可能會發現剛開始花15分鐘很困難，但是隨著時間慢慢累積，你會驚訝地發現當你與那位最好的朋友在一起時，時間總是在不自覺中就溜走了大半。

當你和上帝在一起時，無論身處屬靈的低谷還是頂峰，你都會得到鼓勵。所以，無論你有多忙，都要擠出時間，這個約會是你不能錯過的！不一定要設定碼表來確保你會花一定的時間學習《聖經》，更重要的是，你要設法每天與上帝相會，就像你與所認識的朋友見面一樣。這可能看起來很難，因為表面看來像是一廂情願，因為你不能看見或觸摸上帝，但祂的道是活的。當你尋求祂的時候，祂的聖靈就會陪伴你讀經。

你有時會覺得每日靈修似乎得不到多少幫助，就可能因此有了放棄的念頭。但是請聽我說，我以前也說過──如果你只在想讀經的時候才讀經，那麼你就不太會去讀了！因為魔鬼會竭力讓你一直不想讀經。我們個人的感覺轉瞬即逝，但上帝的道卻是永存的，最重要的是，你與上帝的關係也是永存的(彼前1：25)。

如果你發現自己在花時間與上帝相處上有困難，你要考慮是下列哪些可能因素影響了你讀經的時間：

- 睡眠不足。你的休息是否足夠？

- 個人事務。你太忙了嗎？你能否試著削減或省略什麼，使你把精力集中在重要的事情上？

- 停滯。你在靈修時有沒有感到沉悶或停滯不前？怎樣才能做出適當調整，使它更能與你的生活產生連結呢？

- 隱藏的罪。你是否正涉入某件使你遠離上帝，需要認罪的事？

- 分享。你有沒有和人分享你的學習心得呢？如果沒有，那就開始分享吧！這會讓你在學習過程中更有目標。

如果你錯過了一天，不要氣餒。不要讓這妨礙你第二天去見上帝。祂會等著你的！當然，也不要讓太多的例外發生，因為我們都知道，我們很容易順理成章，讓生活中其他的「好事」排擠我們專心學習《聖經》。與上帝同在是我們每日屬靈的糧食，所以我們的心靈每天都需要它，它是我們生活中的主食。

最後，有一件事我希望能親自對你說：透過讀經與上帝共度時光將改變你的生活，這一點值得再三強調，上帝最需要的就在此，祂想讓你瞭解祂真正的樣子，祂要賜平安給你疲乏的心，賜力量給你的意志，賜勇氣給你的靈。大衛是合上帝心意的人，他作見證說：「你們要嘗嘗主恩的滋味，便知道祂是美善。投靠祂的人有福了。」(詩34：8)

在一天結束之時，你和上帝的關係如何，就在你與祂之間。你願

意承諾學習《聖經》21天嗎？專家說，一般人要花至少21天才能改掉一個壞習慣，而養成一個新習慣所需要的時間也差不多。求上帝幫助你遵守這個約定(如果可能的話，在早上進行)，且看祂如何在你的生命中以奇妙的方式動工！

第 七 章

# 一起探討

又要彼此相顧，激發愛心，勉勵行善。
你們不可停止聚會，好像那些停止慣了的人，倒要彼此勸勉，
既知道那日子臨近，就更當如此。

**希伯來書10：24—25**

幾年前，我的丈夫馬特在教會裡開會，我和家裡的三個小天使一起在家吃飯。這一天異乎尋常地忙碌，孩子們也比平日更加燥動不安。我們在餐桌旁坐下準備吃飯時，他們開始推來推去、互相爭吵，你說一句我頂一句。我坐下來看著他們，感到十分沮喪，因為孩子們似乎比平常更不聽話了。我望著窗外，幾乎可以看到魔鬼在訕笑。他嘲笑我對孩子們感到失望——而他們是藉由上帝賜給我愛，要我去教導該如何跟隨祂的孩子。

他們還在彼此爭吵時，我默默地坐著，祈求耐心和智慧，求聖靈降臨在我們中間。我突然有了一個想法！如果我在這個時候把上帝的話講給孩子們聽，會發生什麼事呢？我心裡十分希望上帝與我們同在，如果我代表孩子邀請祂，那會如何呢？

　　我大聲唸了一節《聖經》，問孩子們以前是否聽過？我把經文寫在紙上，分給他們每個人，這樣大家手裡就都拿到了這節經文。然後我分別問他們一個關於這節經文的問題，我們邊吃邊談了幾分鐘，我對我五歲孩子的提問很簡單，然後我問了另外兩個較大的孩子稍微複雜一點的問題，之後再分享自己對於這節經文的一些想法。

　　我為我們家氣氛的變化感到驚訝。它從一片吵雜聲中重回平靜，就好像上帝親自來到我們的餐桌旁與我們同在。這讓我想起了以下這段話：「它是上帝的真道所發動的改變，同時也是真道的一個最深奧的奧秘。我們不能理解，只得相信這就是《聖經》所說：『基督在你們心裡成了有榮耀的盼望』。」（西1：27，懷愛倫，《教育論》，72頁）

　　這個經歷提醒了我，〈申命記〉6：4-9給予家庭的直接勸勉，乃是多麼實用的建議：

「以色列啊，你要聽。耶和華我們上帝是獨一的主。
你要盡心，盡性，盡力愛耶和華你的上帝。
我今日所吩咐你的話都要記在心上，也要殷勤教訓你的兒女。
無論你坐在家裡，行在路上，躺下，起來，都要談論。
也要繫在手上為記號，戴在額上為經文；
又要寫在你房屋的門框上，並你的城門上。」

　　上帝要我們把祂的話語帶到我們日常生活的每一個層面，祂想要的不僅僅是早晚各一次的敬拜，雖然這也很重要。祂不想只參與我們生活中的某些時段或日子，祂想成為我們日常生活的一部分——包括我們的談話，我們面對的挑戰，遭遇的重大事件以及我們每天的時光。

有些猶太人非常認真看待這個命令，他們會把律法貼在門柱、額頭和手腕。但是上帝在這裡給我們的信息是什麼呢？也許我們的答案是這樣的：「要使兒女對《聖經》感興趣，我們自己必須對《聖經》有興趣。要讓他們喜歡學習《聖經》，我們自己必須喜歡研經。我們給他們的教訓，惟有言傳身教才能生效。」(懷愛倫，《教育論》，187頁)

我們已經用了一些時間探討如何進行個人的《聖經》學習方法，以及如何與我們的孩子一起學習。現在請再花些時間思考下列問題：

- 我自己對於學習《聖經》是否表現出濃厚的興趣？

- 我是喜歡閱讀《聖經》還是研究《聖經》？我是否愛《聖經》，像經文所建議的那樣？

- 閱讀《聖經》如何改變我平日的生活、態度、談吐和思想？

- 在家裡一起讀《聖經》，能改變我們家庭的氛圍和我對家人的說話方式嗎？我是否願意試試？

上帝的話語在我們心中確實改變了我們的行為和思想。它可以大大地改變我們的人際關係和家庭氛圍。

也許你會發現很難和家人談論屬靈的事情。有趣的是，我們的家庭成員可能是(或應該是)我們生活中最親近的人，但他們往往是最難與之深談的人。他們看到我們摘下面具，直視我們最低潮、最根本的面目與狀態，不再有偽裝、或試著給人留下深刻印象的意圖，他們看到我們的所有缺點。有時似乎很難找到時間，刻意地在家裡談論上

**105**

帝，我很欣慰自己不是唯一有這種感覺的人。「人若要將《聖經》的宗教帶進家庭生活……，在世俗事務的壓力下依然專心注視上帝的榮耀，若無很大的忍耐和靈力則不可及。」**(懷愛倫，《歷代願望》，73頁)**

我們怎樣才能遵循〈申命記〉中的建議呢？該從哪裡著手呢？我相信這可以從《聖經》對於生活的指示說起。

耶穌喜歡與周圍的人進行意義深刻的對話，其中有些對話雖然很短，卻發人深省 **(太8：18-22；9：10-13)**，而其他對話則較長。我們也可以和家人就《聖經》進行簡短、發人深省的對話。

圍繞《聖經》信息進行對話並不一定讓人感到自然，你當然最不希望讓這種討論顯得勉強。相反，你希望對話是你和祂私人時間裡的自然表露。當你把《聖經》帶入談話時，要仔細而虔誠地考慮孩子的性格和當時的心情狀態**(當然，我們絕對不能用《聖經》或屬靈對話來進行懲罰或管教，因為這違背了上帝的本性，就像我之前所提的)**。

在與孩子們吃飯的那次經歷之後，我最近做的一件事就是把同一節《聖經》抄下來，給每一位家庭成員，讓他們思考。接下來的對話可以在餐桌旁，車上，睡覺前，甚至在我們去散步時進行。所進行的對話不是我們每天家庭敬拜的一部分，而是關於《聖經》比較自然的討論。

我把這些抄寫下來的章節稱為經文主旨卡，因為在進行輪流短禱的時候，每個人都可以就經文的宗旨，以及上帝如何透過它在他們的生活中說話，來分享一段簡短的見解。手裡拿著一張漂亮的卡片，讓你可以反覆閱讀經文，這比聽別人背誦或朗讀經文更能使你的思

路清晰、深刻。

我邀請我的家人默念我寫給他們的經文，然後請一位朗讀。接著從家庭最年輕的成員開始，我會問每人一個關於這節經文的簡單問題。他們回答之後，我會再邀請每人分享他們可能已經注意到的、關於經文的意義。最後，我自己也會分享關於這節經文的心得。

比如你給每個人的卡片上可能寫著〈撒母耳記下〉22：29–31：

「耶和華啊，祢是我的燈；
耶和華必照明我的黑暗。
……至於上帝，祂的道是完全的；
耶和華的話是煉淨的。
凡投靠祂的，祂便作他們的盾牌。」

由於每個人手上都有經文卡，你可以提出以下問題：

- 你怕黑嗎？

- 是什麼讓黑暗變得可怕？

- 上帝如何成為我們的燈呢？

- 你曾懷疑過上帝話語的完全嗎？

- 你什麼時候會信靠上帝的話？

- 你今天需要上帝保護你抵擋什麼嗎？

　　然後我（或其他人）再與大家分享一段簡短的心得，就我們所討論的問題一起禱告。卡片可以讓每個人保留，也可以回收備用。

　　我們可能只花幾分鐘來討論這節經文，也可能花20分鐘，但把《聖經》作為家庭的話題，其達到的層次要比平時的對話深入得多，它讓我們聯結在一起！我認為這也向我的孩子們表明，《聖經》是豐富、值得深入探討的。以下這段話充分印證了這個觀點：

> 「任何人都探不盡《聖經》中的一條真理或應許。有人看
> 見某一方面的亮光，也有人看到另一方面的亮光；然而
> 我們所領略的，只是微光而已。」（懷愛倫，《教育論》，171頁）

　　我喜歡花時間和家人在一起，用一節《聖經》來談論上帝的信息，並以此開啟兩代之間的信仰對話，這是在教會環境中若沒有詳盡的規劃和交流，不一定能夠自然產生的。

　　談論《聖經》並不侷限於有孩子的家庭。如果你是單身或正在約會，你和朋友一起進餐時可以用經文卡來打破僵局。如果你結婚了，你可以在忙碌的一天開始之前，在早餐時使用這些卡片。如果你想鼓勵人們談論《聖經》和信仰，你可以和任何人、在任何地方使用這些卡片，目的是要你和你關心的人討論《聖經》，以及將《聖經》應用在你今天的生活中。

　　最後，這些卡片向我們展示了《聖經》可以使用何種實際作法，使上帝的話及其目的融入我們21世紀的現代生活。上帝並不遙遠，祂常在我們身邊，並希望參與我們的日常生活和對話。你願意邀請祂這樣做嗎？

## 家庭崇拜

　　你以前或曾在自己的生活中注意到，當我們談論屬靈的事時，我們的人際關係會發生一些特別的變化，它可能要花上幾天甚至幾週的時間，但是要殷勤禱告，尋找上帝的話語給你的生活和家庭帶來的變化，證明公開誠實地與上帝同行，是你能帶給家人最好的禮物之一。不論你對《聖經》的瞭解程度深或淺，不管你讀《聖經》的時間長或短，或讀的次數如何，你都可以從中學到更多關於上帝的知識。

　　下面是一段關於家庭崇拜的勉言：

> 「早晚禮拜應當是一日中最甜蜜，最有助益的時間。須知不要讓任何煩惱與不仁的思想侵擾這些時間。父母和兒女們應一同來朝見耶穌，並邀請聖天使進入家庭。崇拜要簡短而充滿生命力，適時而多樣化。要使大家都能參加讀經，學習和背誦上帝的律法。有時如果讓孩子們自己選一些經文，就必增加他們的興趣。我們可以問他們一些問題，也可讓他們來提問。可以聯繫一些有助於解釋這段經文的事物。」**(懷愛倫，《教育論》，186頁)**

以下是我們對家庭崇拜的簡單建議：

* **每天都要祈禱。**

* **讓這段時間擺脫壓力和沮喪**(這段時間天使就在我們身邊)。

* **保持簡短，內容不要太容易預測。**

- 每次都要讀經，讓每個人都讀經文（可允許孩子們選擇讀哪一節）。

- 就《聖經》章節提問（有問必答），這些問題會給我們的日常生活帶來意義。

你每天敬拜的障礙是什麼？對我們來說，在早上和傍晚訂下一個具體的時間來進行家庭聚會，是至關重要的一步。

你怎樣才能安排時間敬拜，而絲毫不感到壓力和匆忙呢？我發現，播放一些安靜輕鬆的背景音樂可以成功地解決這個問題。

你能為家庭崇拜做什麼？有時沒有想法或計畫可能是最大的障礙。你也許嘗試過靈修書籍，但發現它們並不適合所有的家庭成員，或者你可能讀過一個故事，但發現它不適合你的年齡，所以你不得不放棄。我們多次給孩子們讀過《聖經故事》（《The Bible Story》, Arthur S. Maxwell）。它是一系列、共十冊的完整《聖經》故事，為我們所有人帶來了真知灼見，通篇取材自《聖經》。我們也喜歡閱讀鼓舞人心的見證。切記，多樣化是關鍵！

你如何讓每個家庭成員都參與崇拜時間，同時又進行《聖經》探討？經文卡的運用就是一個例子，它們可以給你提供一些如何讓你和家人進行家庭崇拜的好點子。

最後，如果你沒有把家庭崇拜視為每天的首要任務，為什麼不從今天就試著開始呢？起先你們可能會覺得有些不自然，你也可能會遇到來自家人的阻力或拒絕。但過了一段時間，當它成為你日常生活的一部分時，我絲毫不懷疑它會成為你們所有人的最好黏著劑。

上帝在等待，盼望你的家人能沉浸在祂的話語裡面。如此一來屬天的祝福將一直持續，直到永生。

# 第 八 章
# 樹液、生長與枯枝

我來了，是要叫羊得生命，並且得的更豐盛。

約翰福音10：10

我們全家還住在密西根州時都非常喜愛那裡分明的四季：溫暖的夏、色彩繽紛的秋、雪白的冬和美麗的春景；我們熱愛每一個季節，以至於我們不願長時間待在屋裡，即使是寒風刺骨的冬天亦然。不過我得說，我們每年都衷心地歡迎春天的到來。我們熱切地等待著，守候著花園裡的新芽──等待鈴蘭、水仙花、鬱金香和紫丁香。不管看過多少回冬去春來，我們仍然驚歎於上帝每年如何為萬物帶來生機。

有一年春天，我們的孩子從前門跑進來，興奮地告訴我們有一些甜美的汁液正從樹上滴下來。我們跟著他們來到外面的一棵楓樹前，意識到那是從楓樹上滴下來的汁。馬特在我們買的房子裡發現了一個製作楓糖漿的設備，就取出來把它安裝好並耐心等候，沒過多久，一個小桶就裝滿了，我們便把它煮沸，做出美味的糖漿，這真是個令人興奮的任務！我們端著的那一小杯甜糖漿，對我們來說就像液體黃金！接連下來幾週都是可以汲取楓糖漿的時機，這令我想

起了上帝是多麼的不可思議！是祂讓樹液流過看似枯死的樹幹和枝子，生出新的嫩芽和葉子。

　　這也讓我想起了耶穌在即將被釘十字架時所說的話。祂離開了樓房，下到汲淪溪，往客西馬尼園走去。在那裡，耶穌停了下來，也許是停在一棵葡萄樹旁，與祂的門徒分享了一個有力的信息，那便是與祂建立生命關係的訣竅。祂的信息是關於樹液、生長和枯枝的──

「我是真葡萄樹，我父是栽培的人。
凡屬我不結果子的枝子，祂就剪去。
凡結果子的，祂就修理乾淨，使枝子結果子更多。
現在你們因我講給你們的道，已經乾淨了。
你們要常在我裡面，我也常在你們裡面。
枝子若不常在葡萄樹上，自己就不能結果子；
你們若不常在我裡面，也是這樣。
我是葡萄樹，你們是枝子。
常在我裡面的，我也常在他裡面，這人就多結果子；
因為離了我，你們就不能做什麼。
人若不常在我裡面，就像枝子丟在外面枯乾，
人拾起來，扔在火裡燒了。
你們若常在我裡面，我的話也常在你們裡面，
凡你們所願意的，祈求，就給你們成就。
你們多結果子，我父就因此得榮耀，你們也就是我的門徒了。
我愛你們，正如父愛我一樣。
你們要常在我的愛裡。
你們若遵守我的命令，就常在我的愛裡。
正如我遵守了我父的命令，常在祂的愛裡。

這些事我已經對你們說了，

是要叫我的喜樂，存在你們心裡，

並叫你們的喜樂可以滿足。

你們要彼此相愛，像我愛你們一樣，這就是我的命令。

人為朋友捨命，人的愛心沒有比這個大的。

你們若遵行我所吩咐的，就是我的朋友了。

以後我不再稱你們為僕人，

因僕人不知道主人所做的事。

我乃稱你們為朋友，因我從我父所聽見的，

已經都告訴你們了。

不是你們揀選了我，是我揀選了你們，

並且分派你們去結果子，叫你們的果子常存，

使你們奉我的名，無論向父求什麼，祂就賜給你們。」

(約15：1–16)

## 「常在我裡面」

今天，耶穌仍然親自對你我說著這段話。想像耶穌此刻正直視你的眼睛，對你說出這番話。在祂的話語中，什麼最讓你印象深刻？也許你想把這篇文章的中心思想劃起來。

在這段話裡有一個詞重複了11次；是的，共11次！很明顯的，耶穌想要強調這個詞，它就是「裡面」(abide，見英文版《聖經》)。再看一遍上面段落中的這個詞。耶穌在強調什麼呢？祂邀請你和我住在祂「裡面」。祂分享這段話，是因為祂知道我們今生最需要住在祂裡面。

「abide」這個詞的意思是接納或行動一致；我想到我的婚姻，想到

　　我和馬特在各方面都非常親密，偶而幾次，我可能會覺得和他有點疏遠。我們之間若產生距離感，通常都是由於我們之中的一人不願意接受另一人所說的話，或者不願意做另一人想做的事，其結果自然是緊張和不和諧。在你們許多人際關係中也能感受到這一點。好消息是你們可以再次彼此接納，即使是在感覺疏遠之後，只要有人可以先踏出一步，消除兩人之間的隔閡，就能重新親密起來。

　　在我們與耶穌的關係中，祂總是設法消除隔閡。當我想到在此背景下、彼此緊密的關係時，下列問題總會浮現腦海，令我深思：

　　**接受**：我在生命中接受耶穌基督了嗎？我降服了嗎？

　　**行動**：我的行動是否符合上帝對我生命的期望？我是否花時間透過學習祂的話語與祂親近，不只是閱讀，而是親自深入研究？

　　有時候，藉著禱告和讀經住在基督裡，似乎是最難做到的事情之一。我們可能在心裡知道這就是我們需要的，也可能很想說到做到。但是忙碌不堪的生活將我們捲進了它的漩渦，讓人覺得這太難做到了！對那些覺得被別人強迫而不得不跟隨上帝的人來說，跟隨上帝似乎是最大的負擔。這種宗教就像奴隸制，因為它只關乎外在的行為，而不是內心的想法。沒有什麼比這離上帝所期望的更遙遠了！祂期盼的是一種以互愛為基礎的關係，而不僅僅是受規則約束所致；這是基於愛和自由選擇的特別關係（而祂首先選擇了你）。

　　有些時候，我們可能與葡萄樹有聯繫，卻沒有住在祂裡面。我們可能透過我們所做的事情（去教堂、祈禱、交談和參加活動），而與葡萄樹有外在的聯繫，但我們的內心卻感到死亡。如果我們以某種方式抗拒

聖靈，樹液就會停止流動，雖然看起來很像是連於樹幹，卻缺乏結出果實的證據，最後我們的樹枝就會完全枯乾。

有時我們可能沒有住在主裡面的願望，卻依然要有所行動。在這時候，我們需要求上帝賜下對祂的嚮往之心，以此來填補我們內心空虛的渴望，輕輕開啟上帝的話語，令它傾注並留連其中。當我們以謙卑開放的心，透過禱告和讀經，花時間與上帝真正相處時，我們就會甦醒。

讓我告訴你；我無法讓自己住在耶穌裡面，就像樹枝不能將自己連在樹幹上一樣。當我們以自覺的選擇和開放的心歡迎聖靈進入我們的生命時，就能住在耶穌裡面了！令人驚奇的是，祂在我們還未選擇祂之前，就選擇了我們！是祂先愛我們，祂邁出了第一步！在你我出生之前，祂就愛我們；祂有一個計畫要認識我們，也希望我們能夠認識祂。祂像好牧人一樣，不斷地尋找我們；我的回應向來不過是源於上帝為我所行之事的反應。

除此之外，上帝對我們的行動先於我們的決定，也跟隨我們的決定，這是一個好消息。這就是說，如果我們選擇虔誠而謙卑地與上帝在祂的話語中共度時光，我們就不會空手離開，因為祂會行動，會說話！而祂的話永不落空！

我們每天所做的，關於如何生活、度過時間和效忠於誰的每項選擇，都表明我們是真正自由的人。每天早晨，甚至在你起床之前，你會選擇上帝嗎？你願意從心裡說：「主啊！我今日選擇祢。我選擇住在祢裡面，並花時間透過讀經與祢相處。」你會選擇祂嗎？事實是，祂首先選擇了我們，祂是多麼不可思議的上帝！

## 樹液

觀察葡萄藤如何過冬是很有趣的。簡單地說，樹枝上的芽會脫水，與生長系統分離，直到春天；而當土壤變暖時，根部會開始吸收水分，樹液通過樹幹流到冒出的芽上，開始生長。沒有樹液流過葡萄藤，根本就不可能出現生機。

葡萄藤的樹液就像我們生命中的聖靈。我們可能像一根枯樹枝，但當我們選擇與上帝在一起時，聖靈就像樹根的樹液一樣注入我們，帶給我們生命，我們就開始成長。

就像我們需要選擇住在耶穌裡面一樣，我們也必須求聖靈（樹液）流入、滲透我們的生命。耶穌對我們說：「你們雖然不好，尚且知道拿好東西給兒女。何況天父，豈不更將聖靈給求祂的人嗎？」(路11：13) 當我們在上帝的話語中與祂相處時，聖靈（樹液）就引導我們明白真理(約16：13)，聖靈（樹液）帶來成長，並確保我們彼此相連。

## 生長和果子

樹枝不可能與樹幹只有些許的相連，一旦連上，生長就會自然發生。讓人欣慰的是，枯萎或幾乎枯死的樹枝需要花時間長出葉子，最終結出果實，就像在耶穌裡成長也需要時間一樣。如果你讓它生長，它就會生長。

我們家在密西根買房子時，我們注意到院子裡長著一棵藤蔓。那是冬天，看似完全枯死的樹枝上已經沒有任何一片葉子。不料春天來了之後，嫩芽開始生長。我們興奮地發現這棵藤蔓居然是葡萄樹！

我們很想知道它會長出什麼樣的葡萄，因為我們從來沒有種過葡萄樹。夏天過後，深紫色的葡萄長出來了！我們最終品嘗到這些葡萄時，驚喜地發現它們是康科特葡萄。它的果實實在太甜了，是我們吃過最甜的葡萄！茂盛生長的枝葉以及後來結出的果實襯托出這株藤蔓植物的原來面貌，這也證實了我們原先認為已死的樹枝，其實是長在藤蔓上的。

當我站在掛滿紫葡萄的葡萄藤旁邊時，我為院子裡能有這樣一棵葡萄樹感到有些自豪。它肯定不是因為我們所做的努力而生長的，前任的屋主一定曾經細心照料過它，以至於它能結出這麼多的果實！這使我想起耶穌的話：「你們多結果子，我父就因此得榮耀，你們也就是我的門徒了」(約15：8)。當我們的朋友對我們優質的葡萄樹感到驚訝時，我們把功勞歸於前任的屋主。同樣，當我們做任何有價值的事時，上帝就得榮耀，這證明我們是祂的門徒。成長之福的結果是驚人的！耶穌特別說到住在祂裡面會帶來哪些福分。祂說我們住在祂裡面時會得到一種特別的愛，這愛與世界所提供的不同(同上，9節)；我們將有說不出來的滿足喜樂(同上，11節)。《聖經》以一句話對它完美的做了總結：「往下扎根，向上結果」(王下19：30)。當我們選擇在上帝和祂的話語中紮根時，我們將向上結出果實，歸榮耀給祂。住在耶穌裡面是一種絕妙的關係！

# 枯枝

這些年來我認識到，如果我要與上帝建立牢固的關係，我的順服是至關重要的。在我的工作中，有時我對自己的能力頗為滿意和自信，但結果卻不甚理想。相反，當我完全降服時，我卻能看見上帝在

**119**

我的生命中以大能的方式動工。這對我來說是如此清楚，我不得不
因上帝的榮耀而真正降服於祂。

不久以前，我獲得演講邀約，心中正在與驕傲作鬥爭。我在日記
中寫道：

> 主啊，驕傲是我最大的敵人之一。它試圖奪走我需要祢
> 的感覺。請讓我謙卑吧！今天我是祢的僕人！把驕傲從
> 這幅畫面上刪除吧！我是來單獨事奉祢的，今天我把我
> 的生命交給祢，我也把我的意志，我的工作──所有的
> 工作放在祢腳前，我更把我的未來交給祢。我也把我的
> 婚姻交在祢手中──請繼續祝福我們！願祢成為我們關
> 係的前衛和中心。我也將我的孩子交給祢──請幫助他
> 們今天選擇祢。我更將我的時間──這是屬於祢的時間
> 放在祢跟前。主啊，我把一切都交給祢。求祢今天將祢
> 的聖靈像雨一樣，降在我的生命和我的家庭裡！我今天
> 要宣讀〈以賽亞書〉49章2節：

> 「祂使我的口如快刀，(主啊，求祢祝福我今天所說的話和所寫的字)
> 將我藏在祂手蔭之下；(求主吸引我靠近祢的慈懷)
> 又使我成為磨亮的箭，(照祢的旨意磨練我，使我與祢相近。)
> 將我藏在祂箭袋之中。」

只有當我在主面前張開雙手，獻上一切，出自肺腑愛祂時，才看
見祂是如何為我擊退敵人，接受我源於祂的小小禮物，用來榮耀祂。
耶穌為我們放棄一切，使自己成為一個卑微的僕人，讓我們可以選
擇與祂一起生活，直到永遠。這是多麼難以置信的降服榜樣啊！

當《聖經》指教我需要放棄哪些東西時（比如我的驕傲），就像上帝從我的生命中砍掉了一根枯死的樹枝。這是很痛苦的，有時我很想保留那些枯枝！但當我回想起我們在密西根州的葡萄藤時，我知道，如果看似枯死的樹枝在那個夏天沒有長出葉子或果實，我們就會把它們砍掉。因為乾枯的樹枝證明了，在它其中已經沒有樹液流過。

有時一根樹枝可能有若干需要切除、已死的部分。同樣，我們的生活也可能有一些枝幹需要修剪（約15：1-2）。我們的驕傲可能導致失敗；我們的虛榮心可能因某種環境受到打擊；我們自私的本性在某種程度上需要「修整」，無論上帝以什麼方式修剪我們，只要我們住在祂裡面，我們都會變得更健康，特別是在結出最好果實的時候。

任何具有屬靈永恆意義的事都離不了住在葡萄樹耶穌裡面。耶穌簡單地說：「常在我裡面的，我也常在他裡面，這人就多結果子。因為離了我，你們就不能作什麼。」（約15：5）什麼也做不成！祂並沒有說我們可以有一部分住在祂裡面，然後靠自己做一點點的事──不！我們若不住在基督裡，就做不了任何有永恆意義的事！

在我自己的生活中，我看到了太多這樣的事，我無法用言語充分表達這一點。在我的家庭、教會、工作和生活的所有領域，除非我每天每時每刻，把所有的心思、想法、欲望完全降服於上帝，除非要求祂在我生活的每一方面都引領我──如果我對祂有任何保留，就不能指望祂使用我的時間、努力或工作來榮耀祂。當我把一切都交給祂時，祂就豐富地加給我們！（約10：10）

想要結出果子，首先就要連接到葡萄樹上，需要完全放棄自我。如果人遵照上帝的旨意，做祂能做的工作，祂就會得到榮耀。我們完

全依賴修剪師來修剪樹枝的形狀，意味著我們完全相信，祂會在必要時進行修剪。

我們的果子要在最佳的時間採摘，這表明祂允許我們在結出更多的果子之前有一個再生的時間，祂的照顧和時機總是完美的，除了繼續住在祂裡面，祂對你別無所求。

# 第九章
# 進入永恆

天地要廢去，我的話卻不能廢去。

**馬太福音24：35**

正是如此。上帝的話語如今正在向你的內心和生命，並你周圍之人的生命講述真理。你有沒有自己的一張「紅椅子」，讓你每天都期待與上帝相會？自從你親自閱讀《聖經》以來，你的生活發生了什麼變化？將上帝的話語帶入你的家庭，如何改變了你的家？

我們很容易日復一日過著同樣的生活，卻沒有花任何一分鐘，與創造時間、也賜給我們時間的主相處。我們的生活很容易被所有「重要」的事情填滿，而同時又下意識地忽略了最重要的事情——花時間與希望親近你我的宇宙之神在一起。

《聖經》告訴我們，屬靈的饑荒即將臨到我們：

> 「主耶和華說：日子將到，我必命饑荒降在地上。
> 人飢餓非因無餅，乾渴非因無水，
> 乃因不聽耶和華的話。

他們必飄流，從這海到那海，

從北邊到東邊，往來奔跑，

尋求耶和華的話，卻尋不著。」(摩8：11-12)

現在，上帝的話語對你而言觸手可及。你已經嘗過並見證過它可以如何改變你的內心和你的家庭，以及你可以利用哪些方式，即使每天只用幾分鐘，就輕易將祂的話語帶入你的生活。你願意與上帝立約，在將來享受祂的話語嗎？

此外還有一件事，你知道嗎？當我們渴慕上帝的話語時，我們的生命就會滿溢。在《聖經》中我最喜歡的一章裡，上帝應許從祂口中發出的話語不會落空。請你慢慢地讀這一章，接受上帝現在要告訴你的好消息：

「你們一切乾渴的都當就近水來；

沒有銀錢的也可以來。

你們都來，買了吃；

不用銀錢，不用價值，也來買酒和奶。

你們為何花錢買那不足為食物的？

用勞碌得來的買那不使人飽足的呢？

你們要留意聽我的話，就能吃那美物，

得享肥甘，心中喜樂。

你們當就近我來；

側耳而聽，就必得活。

我必與你們立永約，就是應許大衛那可靠的恩典。

我已立他作萬民的見證，為萬民的君王和司令。

你素不認識的國民，你也必召來；

素不認識你的國民也必向你奔跑，
都因耶和華──你的上帝以色列的聖者，
因為祂已經榮耀你。

當趁耶和華可尋找的時候尋找祂，
相近的時候求告祂。
惡人當離棄自己的道路；
不義的人當除掉自己的意念。
歸向耶和華，耶和華就必憐恤他，
當歸向我們的上帝，因為上帝必廣行赦免。
耶和華說，我的意念，非同你們的意念，
我的道路非同你們的道路。
天怎樣高過地，
照樣，我的道路高過你們的道路，
我的意念高過你們的意念。

雨雪從天而降，並不返回，
卻滋潤地土，使地上發芽結實，
使撒種的有種，使要吃的有糧。
我口所出的話也必如此，
決不徒然返回，
卻要成就我所喜悅的，
在我發他去成就的事上必然亨通。」(賽55章)

　　當你閱讀《聖經》，並讓它的光芒在你的日常生活中縈繞時，祢將會更認識、明白上帝。在未來的日子裡，當你一遍又一遍地讀同樣的章節和故事時，祂也會不斷地、天天對你述說真理。

　　不久的將來，你會看到東方的天空中有一小片雲越來越大，你心裡深知，這就是祂！當祂靠近的時候，你的心會因充滿期待而躍動，喜樂滿溢出你的心！你會看到上帝，這個每天與你共處的朋友。然後你就可以和祂面對面相會了！當你第一次聽到祂的聲音響徹宇宙，你就會知道祂說的是多麼正確：「天地要廢去，我的話卻不能廢去。」(太24：35) 是的，祂對我們生命所說的話，祂的應許、故事以及我們作為祂地上子民的歷史，將永遠提醒我們《聖經》的影響力，《聖經》恰似一盞明燈，永遠光照、縈繞在我們生活中。

請連結下方的QR Code，你會看到經文導讀卡的範例。

每一種導讀卡都有兩種設計供你挑選。

如有需要，歡迎至網址：www.aslightlingers.com，自行列印並使用。

**127**

### 國家圖書館出版品預行編目資料

榮光縈繞：沉浸在天父話語中 / 尼娜・艾奇森（Nina Atcheson）著；吳滌申譯. -- 初版. -- 臺北市：時兆，2020.05 面；公分

譯自：As Light Lingers：Basking in the Word of God
ISBN 978-986-6314-92-6(平裝)

1.聖經研究 2.讀經

241.01　　　　　　　　　　　　　　109004974

沉浸在天父話語中
Basking in the Word of God

| | |
|---|---|
| 作　　者 | 尼娜・艾奇森（Nina Atcheson） |
| 譯　　者 | 吳滌申 |
| 董 事 長 | 金時英 |
| 發 行 人 | 周英弼 |
| 出 版 者 | 時兆出版社 |
| 客服專線 | 0800-777-798 |
| 電　　話 | 886-2-27726420 |
| 傳　　真 | 886-2-27401448 |
| 地　　址 | 台北市105松山區八德路2段410巷5弄1號2樓 |
| 網　　址 | http://www.stpa.org |
| 電　　郵 | service@stpa.org |
| 責　　編 | 林思慧 |
| 校　　對 | 沙玉梅、周英弼 |
| 封面設計 | 時兆設計中心 |
| 美術編輯 | 時兆設計中心 |
| 出版授權 | 北亞太分會Northern Asia-Pacific Division |
| 商業書店 | 總經銷 聯合發行股份有限公司 TEL.886-2-2917-8022 |
| 基督教書房 | 總經銷 TEL.0800-777-798 |
| 網路商店 | http://store.pchome.com.tw/stpa |
| I S B N | 978-986-6314-92-6 |
| 定　　價 | 新台幣120元 |
| 出版日期 | 2020年5月 初版1刷 |

Original English edition copyright ©1981 by Pacific Press Publishing Association.